楊博如 著

Law of Big Success

大成功
法則

用對方法，立刻減少30年奮鬥

 白象

東方的「吸引力法則」

　　東方有五千年以上的文化傳承，在心識科學方面的發展遠遠超越西方，闡述宇宙實相的學說也都十分精闢，只是東方人通常把這些原理應用在心靈的提升上，而沒有世俗地應用在心想事成上而已。

　　以這個深厚的文化背景來看「吸引力法則」，就會立即察覺「西方的吸引力法則」有許多可以再補強的地方。

　　由於長年從事相關教學工作的關係，深深了解眞實的「吸引力法則」的運作模式，同時也深切了解「成功是許多因緣共構的現象」，包括自己與別人、內在與外在、時間與空間、物質與非物質以及可知與不可知、可見與不可見的元素，唯有務實的察覺這些環環相扣的「系統性」關鍵因素，認清自己想要達成目標的特質，加上確實可執行（包括意識層面與潛意識層面）的策略與方法，才能夠營造成功的最後結果。

　　所以當我們進一步審視「吸引力法則」到最精微處，就會發現「因緣果共構現象」的存在，就像科學家從原子世界進入量子世界一般。

　　將「因緣果共構原理」以可行的方法落實在人生各個面向中，幫助大家心想事成，就是本書所闡述的「大成功法則」，也可以說是「東方的吸引力法則」。

　　「大成功法則」讓我們先徹底了解想要達成目標的性質，不

同性質的目標會直接影響「吸引力法則」的成敗。

在很多場合，包括在網路上以及書上，都看到不約而同的舉例說，他想著到達目的地的時候，就有一個停車位在等他，果然，當他到達時真的就有一個停車位莫名其妙地空了出來，以證明「吸引力法則」的妙用。

不過，這樣的論證並不能滿足更進一步的探索，試想，「找到停車位」和「減肥」、「大學聯考」、「創業」以及「成為總統」有什麼不同？

「大成功法則」認為「目標規模的大、小」以及「目標與自己和他人的關聯度」是四個最重要的影響因素，必須要考慮進去，不同性質的目標當然需要搭配不同的方法，否則就只是做白日夢而已。

「大成功法則」更精緻的將「吸引力法則」細分為先天吸引力法則（Law of Innate Attraction）與後天吸引力法則（Law of Acquired Attraction）。戒菸、減肥、增強自信……等事項，應用「後天吸引力法則」（即一般所稱的吸引力法則）很容易就可以達成目標。

然而，人是環境的產物，我們從出生開始，就受到周圍客觀環境的影響，所謂「形勢比人強」，不同的環境，不同的時代，造就不同的英雄，這些都是先天因素所形成的，也就是「先天吸引力法則」的作用，這些構成生存環境的種種因素，也許是有助於目標的實現，也許是有礙於目標的實現，這些也都必須一一妥善處理，才能真正幫助我們實現目標。

在執行層面上，本書完整的從身、心、靈的角度切入，一步一步引導讀者進行：

「身體」：設定目標、策略、身體力行。

「心理」：意識、心念的正面強化與激勵。

「心靈」：潛意識、信念的改善與創造。

我們每個人本身都具足創化一切的自性能量，如果我們能通徹因緣果共構原理，並且遵循這個遊戲規則，從思想、語言、行動去創造有利的條件，就一定能夠讓我們每一個人心想事成而且心滿意足，這就是「大成功法則」。

「要怎麼收穫，先怎麼栽」，《大成功法則》整本書都在向各位展現這種自然、順勢的力量，遵循「大成功法則」智慧地撒下成功的種子，掌握不同的因緣共構關鍵，加上自強不息的去實踐，自然就能水到渠成、開花結果，不逆勢奢求、揠苗助長，吸引來的才真正屬於你，這就是成全我們任何願望的長久大計，這才是自古以來真正的「祕密」。

「大成功法則」是OMBA®全能身心管理學中的一門應用技術，融合東、西方的文化與科學，將成功學、管理學、哲學、心理學、超心理學融會貫通，全面從身、心、靈三種角度著手，毫不保留地將成功的祕訣以科學化、系統化方式，精準明確的呈現在各位面前，能夠幫助大家有求必應、美夢成真，在改善人生的同時，更期待藉由因此引發的「善」性循環，彼此協力全面向上提升！

作者 楊博如
於台北

從電影「海角七號」看「大成功法則」

李紹唐

前美商甲骨文股份有限公司台灣分公司總經理

前中國甲骨文軟體系統有限公司華東暨華西區董事總經理

前中國多普達通訊有限公司首席執行官兼總裁（CEO & President）

現任連營科技股份有限公司總經理（CEO）

著有《勇敢去敲老闆的門》天下文化出版社發行

著有《勇敢去敲未知的門》天下文化出版社發行

　　電影「海角七號」在台灣爆紅，不到二個月的時間，全台票房就破四億台幣，堪稱幾十年來最賣座的華語片之一。

　　不過最引起我注意的卻是導演魏德聖的人生故事，它的精采程度可能更勝於電影本身。

　　魏德聖導演在拍攝「海角七號」之前，其實經歷過十五年的慘澹人生，甚至被周遭好友笑稱為「朋友之中最倒楣、運氣最不好的人」。在漫長的蟄伏期間，魏德聖導演飽嚐種種艱困與打擊，在幾乎沒有一線希望的情形之下，仍然堅持對電影的熱愛，他說：「我那時候也差點憂鬱症發作，一大堆事情，每個人都否定，而你又很相信這是對的。其實就是忍耐忍過了，沒有什麼信念，忍耐一天算一天，就這樣算過去了。」最後為了籌拍「海角七號」，不辜負演員對他的信賴與期望，只好抵押僅有的房子，向銀行貸款三千萬，他說：「那時候真的沒有什麼光。只覺得說

完蛋了，怎麼辦？但是那時候只有一個信念，沒有看到光的時候怎麼辦？無路可走的時候，你要死在隧道裡，還是繼續往前爬？往前爬還有一點點機會，找到有光的地方。」

就在他經歷了十五年的困獸之鬥、最後孤注一擲的時候，奇蹟發生了！

你了解我想表達的嗎？

魏德聖導演在拍攝《海角七號》時，並沒有雄心壯志預設電影大賣，票房可以超過五億台幣，然後理所當然的終於心想事成。當時他只是卑微地堅持自己對電影的理念，漂流在商業電影的大海中掙扎求生罷了。更何況，**電影完成拍攝跟電影大賣是兩回事，以魏德聖導演的決心與毅力而能完成「海角七號」，這一點是可以理解的，至於「海角七號」為什麼能夠創造票房奇蹟？除了電影本身的條件之外，從科技人的觀點來看，我認為一定還有別的因素在影響著這整件事的成功或失敗。**

這個問題在我看完《大成功法則》之後，才獲得令人滿意的答案。

本書在遍地聲動的成功聲浪中，找回了東方特有的務實與智慧，同時也融合了西方的科學精神，把成功要件非常完整、系統、有條不紊地一一呈現在世人面前，其中有許多獨到的見解與絕妙的觀點，可以說是一本罕見的超越各種心想事成學說的作品。

我在二十幾年的職場生涯中，有過好幾次令人驚訝的轉折，從IBM協理到台灣甲骨文公司總經理、從中國多普達總裁再到宏達電亞太區副總，最後又選擇離開宏達電，轉進到LED領域的連營科技擔任總經理，有很多人對我好幾次放棄高位高薪，而且又

能夠成功的挑戰新事業領域感到訝異與不解，其實轉換的背後，和電影「海角七號」的魏德聖導演一樣，是因為我有追求夢想的動力在支撐。

對我來說，不僅企業要創造藍海，個人也要創造藍海，其中有四個主要關鍵，包括：一、要有夢想，二、要除去舊有思維，三、要提升企圖心，以及四、要降低恐懼。

第一、每個人都要有夢想，而創造夢想最好的方法，就是多接觸具有能力及品德的成功者，和他們攀緣，這樣才能強化追求夢想的動力。

第二、除去舊有思維的方式，就是要不斷學習，吸收新觀念，不管是參加社團或是各種活動，都能讓自己變得更加積極，不會被舊思維所侷限。

第三、接受挑戰才能提升企圖心，藉由不同的數字及圖像，激發自己的熱情，同時也激發強大的企圖心。

第四、「放膽去做」是降低恐懼最好的方法，透過持續的行動，永不退縮，克服心魔。

有趣的是本書竟然也不約而同的在各章節提到這些內容，可以說是「先得我心」，套一句書中的專有名詞，這就是我的「成功模式」！

我可以做的到，你一定也可以做到。電影「海角七號」的導演魏德聖先生不正是如此嗎？

《大成功法則》無疑地是今年最讓人期待的一本書。作者楊博如先生在相關領域的造詣相當獲得社會大眾的推崇，書中內容從楊博如老師在課堂上與學員的對話開始，藉著不厭其詳的循循善誘，引導大家深入淺出、就像是剝洋蔥般的，一層一層深入成

功的精髓，巧妙結合了企業管理學、心理學與超心理學等學術，創造出新見解，無論是社會哪一個階層或是處於何種人生狀態的人士，都可以從本書獲得啓發，並且從中受益。

　　有一天，孔子的弟子子貢問孔子說：「有一言而可以終身行之者乎？」有沒有一個字可以用來一輩子奉行的呢？孔子回答他說：「那一定非『恕』這個字莫屬了。」

　　同樣的，如果有人問：「有沒有什麼書是可以陪伴自己一輩子的呢？」我想，《大成功法則》就是其中的一本。

推薦序 II
讓你成功富貴的SOP

顏冰心（資深媒體人）

　　2008年歐巴馬當選美國史上第一位非裔總統，這歷史性的一刻實在令人感觸良多。一百多年前，在林肯總統解放黑奴之前，美國還是一個奴役黑人的國家；四十多年前，高喊著「我有一個夢想」的金恩博士（Dr. Martin Luther King），還因為領導黑人民權運動遭到暗殺，而今歐巴馬卻能夠成功當選美國總統，這一切都證明「**世上沒有不可能的事**」，**成功只是時間早晚與方法正確與否的問題而已**。

　　唐太宗曾說：「以銅為鏡，可以正衣冠；以人為鏡，可以明得失；以史為鏡，可以知興替。」那麼有沒有什麼準則可以讓我們做為成功的借鏡呢？《大成功法則》這本書就是提供一個讓**你邁向成功的SOP**（Standard Operating Procedure，標準作業程序）。

　　我過去從事社會福利工作，服務對象是心智障礙者，我看過許多不完美的生命對一個家庭造成的衝擊，如果情緒處理不當，可能一家人從此就與幸福絕緣。再加上我自己也曾經深陷人生最黑暗痛苦的低潮，很多時候，除了盡人事之外，我內心多麼渴望

能夠找到可以把許多不圓滿變得更圓滿的方法。

　　如果你現在正處於極度的憂傷、極度的沒有自信或是極度的混亂，這本書可以提供你一個方法幫你理清頭緒，讓你從更宏觀的角度找到正確解決方案，同時也有詳盡的執行步驟與關鍵技術，「命好不如習慣好」，把它養成習慣每天執行，只要持之以恆的正向心念，奇蹟一定會降臨在你身上。

　　如果你現在正處於痛苦、失落、徬徨之中，我要告訴你，「痛苦會一陣子，不會一輩子」，及早下定決心開始去做，即使只有百分之一的希望，只要你盡百分之一百的努力，或許就能改寫自己的人生歷史。

推薦序 III
東西合璧的成功技術

張國維 博士（Dr. Alex Cheung）
亞洲身心語言程式學（NLP）大師
香港專業培訓及策略有限公司董事長

　　楊博如兄結集了多年的實戰經驗，對如何達至全方位的「成功」自有一番見地。

　　他以深入淺出的手法，有系統地演繹了自創的「大成功法則」。**這套法則彌補了「祕密」及「吸引力法則」所未能解釋到的地方，細緻地將成功的各個先天及後天條件、因素及方法拆解。既有企管常用的擬定目標法、SWOT分析法；亦有現時大熱的NLP（身心語言學）、潛意識開發潛能法及OMBA®等，把「成功」全面剖析。**

　　全書主題鮮明，並輔以大量古今中外的例子、故事、個案讓讀者加深了解；亦備有多項輔助工具如：練習表、分析表等供演練之用，讀者可以邊讀邊練，更易掌握。

　　現在正值金融風暴席捲全球後，景氣復甦、貧富重新洗牌的關鍵時刻，此書正好讓我們找到一個正面積極的方向與方法，為自己的「成功」而努力！

目錄

【第一章　遮蓋不住的真相】

【第二章　命中目標篇】

【第三章　予取予求篇】

【第四章　大富大貴篇】

第一章 **遮蓋不住的真相**

① 一個隨心所欲的世界

　　有一次我在課堂上講授到「目標圖像聚焦法」時，發生了一件很有意思的事情，當時有學員要我把這一段經過寫下來，在網站上和廣大的網友分享，還有很多人建議我乾脆出書，造福世人，就在大家七嘴八舌幫忙出餿主意的的時候，我腦海中竟然浮現一本書的樣子，打開的書頁記載著當天講話的內容，從那時候起，我就絲毫不懷疑的預見了「今天你正在看這本書」的事。

　　到底是怎麼一回事呢？這一切都要從「目標圖像聚焦法」說起。

　　目標圖像聚焦法是用來幫助大家心想事成的技術，藉由勾勒出「已經達成目標」的具體畫面，並且將這個畫面跟宇宙創化萬物的能量連結在一起，讓當事人親身體驗達成目標後的種種感受，如此，這個目標就會以最快的速度在現實生活中夢想成眞，這樣的技術在我的課程中已經發展得相當完整。

　　每次我講授到「目標圖像聚焦法」的時候，總是會引起一陣熱烈討論，不過這一班似乎更是不一樣。

「老師，」舉手提問的是廖主任，他是國小教師，對勵志的領域非常有研究，時常收到他轉寄來的有關這方面的E-mail。「我最近看了一本書，書名叫《祕密》（The Secret），我覺得『目標圖像聚焦法』是最適合實現吸引力法則的方法了。」

「嗯！我看過這本書，既然你提起了，就請你說一說你對這本書的看法。」我在課堂上向來鼓勵大家發問及發表意見，廖主任所說的這本書值得讓所有學員認識一下。

「《祕密》這本書講到一個失傳已久的祕密，那就是『吸引力法則』。」他說。「『吸引力法則』是指我們生命中發生的一切，都是我們的思想所吸引來的。『吸引力法則』讓人心想事成的創造過程包括三個步驟與兩種方法。

所謂三個步驟分別是要求、相信與接收，而兩種方法則是感恩與觀想。」廖主任很熱心的向大家介紹著。

《祕密》一書認為過去許多偉人，包括柏拉圖、莎士比亞、牛頓、雨果、貝多芬、林肯、愛默生、愛因斯坦等人都是精通吸引力法則而功成名就的人，這就是書中所稱的祕密。

目標圖像聚焦法可以說是吸引力法則的進階實踐步驟，有具體的方法可以一步步的去執行。《祕密》中的觀想法隨著每個人的特性不同，能夠凝聚的能量也都不同，不見得每個人都

能夠有效果，我相信《祕密》的廣大讀者們，一定會有很多人發出「好像很難成功嘛！」的感嘆，書中提到世界上有許多偉大人物的成功都是根據吸引力法則，但是遵循吸引力法則的人是不是都能夠偉大而成功？我相信很多人會持保留的態度。

　　瑪德琳舉手並站起來對大家說：「我曾聽老師說過，成功的祕密並不只有書上所謂的吸引力法則，實際上還有其它五個祕密，因為這樣才能徹底解讀所有成功者的成功模式。」瑪德琳說完，回過頭望著我，等待我的回應，似乎要我一五一十地把其他五個祕密也全盤說出來。

❷ 爲什麼是他，而不是我中樂透

　　過去有非常多有關心想事成的著作，大家都拍胸脯保證只要這樣做就一定能成功，只是這樣的論述不禁引發我這種人的深沉哲思……

　　難道這個社會的協調運作是建築在毫無限制的個人主觀欲望上嗎？

　　每個人是否都有一條基本的生命軌跡，即使我們知道它不是完全固定，還有相當彈性的空間，這是否意味我們能夠徹底的改變這條基本軌跡？

　　當我們透過吸引力法則，獲得原本不屬於自己的東西，應算是一筆意外的財產，還是預支的貸款？

　　當我們主動而且成功的完成改變，後續將會引發何種效應？

　　升遷、競賽、股票投資等零和遊戲，是否有可能是把快樂強加在別人的痛苦上？

　　從這些面向來看，我們不禁會問：世上到底有沒有一種可長可久、面面俱到、有求必應的方法？

答案是肯定的！

你可能偶爾有聽過這些方法，但是並不了解其如何運作的真相。古往今來所有人類，都是遵循這些規則成功或失敗而不自知，《大成功法則》就是將這些成功者的成功模式完全解密的菁華。

既然瑪德琳在課堂上提到藏著六個成功祕密的大成功法則，我也剛好藉這個機會闡述這六個祕密，否則豈不是讓學員覺得這個老師很沒料？只不過心頭難免有點趕鴨子上架的感覺。

《大成功法則》所涵蓋的這六個祕密，這是從來沒有人完整揭露過的祕密！

接下來，我採取以子之矛、攻子之盾的戰術，一方面引導大家思考，一方面也可以避免學員跟我打口水仗，畢竟大部分人都會誤以為外國的月亮比較圓。

「包伯‧普特克（Bob Proctor）在《祕密》一書中說：『一旦你知道這個祕密，你想要什麼就可以得到什麼，幸福、健康與財富都會心想事成！』這句話你們覺得如何？」我問。

劉姐搶著說：「《心靈雞湯》的作者傑克‧坎菲爾（Jack Canfield）說有一天他想著要有一百萬美元的收入，結果幾天之後，出版商就寄給他《心靈雞湯》第一集的版稅支票——一

張一百萬美元的支票。」劉姐邊講，一邊流露出羨慕的表情。

莎莎也舉手說：「媒體報導有一位九億元樂透彩得主，就是運用吸引力法則，只花了六百五十元買樂透就中了九億元頭彩！」講到這裡，許多學員不禁發出讚嘆。

「很好。」我說。「說到這裡我覺得很好奇，想請問大家，在場的各位有沒有同樣是運用吸引力法則想要中樂透頭彩的？」

大家你看著我，我看著你，有三分之一的人不好意思的舉起手來。相信全世界看過《祕密》的讀者中也有幾百萬人是這樣的吧！

「那麼你們中頭彩了嗎？」我一問完，原本熱絡的氣氛馬上變成冰點，大家默不作聲表示大家的期望都落了空。

這到底是怎麼回事呢？

我換一個角度接著再問：「剛剛講的那個九億元樂透彩得主，如果繼續使用吸引力法則來買樂透，是不是每一期都會繼續中頭彩？」

同樣的，大家又是你看著我，我看著你，議論紛紛，因為「理論」上應該成立，但是「理智」上卻很沒有說服力。

最後，百忙之中抽空來上課的陳總經理像國王的新衣中的小孩，說出了大家心中的疑慮：「老師真是一語驚醒夢中人，

顯然，除了所謂的「吸引力法則」之外，應該還有其他因素的影響，並不像我們想的那麼一廂情願……」

　　看來初步的討論已經引起迴響，但是我希望能帶領大家更深入的探討，於是我讓大家進行許願的遊戲。

③ 娶天下第一大美女當老婆

「很好，既然如此，我想知道如果現在讓大家許願，一個願望或是一個以上的願望也可以，而且只要你寫得出來，這些願望就一定會實現，那麼你們會許什麼願望？」

我從電腦把〈許願表〉叫出來，讓大家根據投影機螢幕上的表格填寫自己的願望。

「你們有五分鐘的時間，好好想一下你們的願望，並且把它們寫下來。」話說完，大夥兒就開始七嘴八舌地討論了起來，一下子教室裡變得好熱鬧。我四處巡視大家討論的情況，聽著大家千奇百怪的的願望，不禁佩服大夥兒的創意。

「好了，時間到了。現在請你們從剛才寫的願望中挑一個最想實現的來告訴大家，有誰要先說？」我問大家。

「我希望每個月業績可以達到一億。」劉姐搶先說出她的願望。

「明年我想要出國留學，完成博士學位。」Amy也加入許願行列。

「我希望能順利找到理想的工作。」小胡說。

「我希望能夠成功戒菸。」許經理說。

「很好，還有誰要跟大家分享他的願望？」我問。

「我希望股票能夠賺大錢。」許小姐說。

許　願　表
1.
2.

3.
4.
5.

本書讀者可在http://omba.com.tw下載全部輔助表格

「我希望能夠順利移民到加拿大。」Kiki說。

「我想考上中醫師。」美月說

「我想開一百家西餐廳。」說話的是Frank。Frank在大陸經商已經有好幾年，成果豐碩，目前已經擁有近十家賺錢的西餐廳。

「我希望我先生能夠回到我身邊來。」Linda說。

「我想要改善我跟我婆婆的關係。」玉秋說。

「我想要趕快把債還完。」李先生說。

「我想要減肥成功。」小Q說。

「我結婚多年，一直希望能夠生一個小孩。」麗芳說。

「我希望我太太的癌症能夠早日痊癒。」陳大哥說。

大家傾聽彼此的願望，教室中瀰漫著一種溫馨而且感人的氛圍，每一個願望被說出來，就彷彿一盞天燈緩緩昇空，讓人深深期待未來無限的可能性。

「我想要中樂透。」小陳的一句話勾起大家的記憶，剛剛有點凝重的氣氛頓時開朗了起來，也許是因為大家藏在心裡的共同願望被人毫不遮掩的說了出來，每個人臉上都顯露出愉悅的光芒。

「我想成為首富郭台銘。」布魯托說完，引起大家哄堂大笑。

坐在最後面位置的憲哥也站起來用雙手在空中比劃出一副

女人的曲線笑著說：「我想要娶天下第一大美女當老婆。」話一說完又引起大家一陣大笑。

就這樣你來我往討論了一陣子，一向沉穩的郭大哥終於開口了：「老師，我覺得他們講的都太離譜了，我還想當總統呢！」大家又是一陣笑罵。

「沒錯，這就是我想讓大家思考的，如果我幻想著得到一張美金一百萬的支票，應該要一百萬年後才會有人寄給我吧！」我說完，大家又笑得東倒西歪。

等大家稍微回復平靜之後，我開始導入我想表達的主題。

「首先，如果你不相信（應該說「不夠執著」），吸引力法則就一定無法成功。想要心想事成，就一定要堅信自己可以達成設定的目標。所以在目標的設定上，就是一門很大的學問，我們後續會專門來談論如何設定正確的目標，也就是「立定志向」，這一點看似很容易，很多人都在談，裡面卻有很多關鍵性的重點沒有被提到。

其次，從剛才大家的討論中可以看出幾個重要的觀念，在我們開始講述『大成功法則』之前，必須先徹底了解這些觀念，它們是**打通成功任督二脈的六大觀念。**」我停了一下，掃瞄全場學員，大家鴉雀無聲，這時候如果有一張紙飄落地面應該都聽得見吧！

④ 有這九種成功的人生才算圓滿

　　第一個觀念跟「人生到底是什麼？」有關，知道人生有些什麼，你才會知道有什麼願望可以許。

　　「大家剛才所說琳琅滿目的願望，有的跟事業有關，有的跟錢財有關，有的跟夫妻、子女關係有關，有的跟求學有關……等等，在我們許下願望、訂定目標之前，應該先了解生活當中到底有哪些方面的追求標的，等一下在三分鐘之內，我就會讓大家全面性確認自己的願望到底是什麼！」

　　我這番話引起劉姐的好奇：「聽老師的分析才知道原來想要心想事成，除了光鮮亮麗的理論、冠冕堂皇的說法之外，骨子裡還有這麼大的道理！老師，你趕快告訴我，怎樣可以讓我發大財！」

　　聽劉姐這麼一問，大家都不約而同把目光轉到我身上來，等待我的回答。

　　我沒有正面回答劉姐的問題，反倒故弄玄虛講了一個故事。

　　從前有一個國王，有一天他看到路旁有一個酒醉到不省人事的老人，國王認出來這個老人是酒神和快樂之神的好朋友，於是就命人把他帶回皇宮，熱情地款待他。

　　老人是一個法力非常高強的仙人，他在酒醒之後非常感謝國王，於是非常慷慨的說：「無論你要什麼，我都可以給你。」

　　國王一聽喜出望外，即便他已經擁有全國的財富，他還是不假思索的向老人要求：「我最大的心願就是能夠擁有點石成金的法力。」

　　老人說：「既然如此，我就賜給你這樣的法力，只要是你雙手碰到的任何東西，都會即刻變成黃金。」

　　國王非常高興，等不及測試他的新法力，他摘下一朵花，鮮花果真馬上變成閃亮的黃金，接下來他摸到的桌子、椅子、花瓶，一樣全部變成黃金。不過，意想不到的事情發生了，當他拿起食物，食物也全部變成黃金，他根本沒辦法吃下任何東西，連酒也一樣變成黃金卡在他的喉嚨中。

　　國王不得已向老人求救，老人要他跳到河裡沐浴，國王才恢復正常，正當國王鬆一口氣的時候，他卻發現他點石成金的法力已經完全消失了。

「這個故事告訴我們，財富不會單獨存在，人生除了財富之外，還有其他同等重要的東西。有些人為了財富賠上身體健康，有些人為了財富而眾叛親離，這些都不是我們要達成的大成功。

人生有許多面向，這些面向會彼此影響，我們剛才講到目標的種類，就是與此有關。在我們透過吸引力法則發出念力之前，是不是需要先弄清楚我們的人生是由哪些面向構成？目前的狀態如何？才能知道我們可以有哪些追求標的？真正需要的是什麼？要用什麼方法得到？

如此當最後我們實現願望之後，才不致於發現人生竟然是空虛的！」大家點頭表示同意，接著我繼續往下說。

「我可以明確的告訴各位，這些**構成人生的面向包括了：事業、財富、人緣、親情、愛情、生活、身體、心理、心靈等九種。**

事業是指我們生活中主要從事並且產生價值的事項，包括正業、副業或是從事非營利的慈善事業等。

財富是指在經濟方面滿足我們的財物。

生活是指食、衣、住、行、育、樂等。

親情是指與自己有血統或親屬關係的人的關係。為了與後面的愛情區別，親情並不包括夫婦關係。

大成功法則的人生九面向		
親情	身體（身）	事業
愛情	心理（心）	財富
生活	心靈（靈）	人緣

愛情是指兩性之間的關係，與夫婦間的感情、男女朋友的交往有關。

人緣是指愛情與親情之外的人際關係，包括上司、部屬、同事、朋友、陌生人……等。

身體（身）是指與身體有關的事項，包括健康、美醜、性別、生理功能……等。

心理（心）是指我們的思想、情緒（快樂或痛苦）、智力、意識層面。

心靈（靈）是指我們的信念、價值觀、品德、靈性（靈性成長）、潛意識層面。

所以我們說事業、財富、人緣、親情、愛情、生活、健康、心理、心靈等全面性的成功才是大成功。這些項目才是我們要設定目標、努力心想事成的對象！

這是**打通成功任督二脈的第一個觀念。**」我說。

大家若有所思的點頭稱是，等著我後續的內容。

我接著補充：「既然我們都已經在探討如何成功，索性就全面的從這九種人生構面來搜尋想要美夢成真的事，免得有所遺漏，不然多可惜啊！這可是其他人沒有的喔。」

打通成功任督二脈的第一個觀念

人生＝事業＋財富＋人緣＋親情＋愛情＋生活＋身體＋心理＋心靈

⑤ 重新認識既陌生又熟悉的成功

　　我環視大家，沒有人提出進一步的問題，就引導學員思考下面的問題。

　　「有誰可以告訴我如何才叫『成功』？」我問大家。

　　「成爲像比爾‧蓋茲、郭台銘那樣的人就叫成功吧！」憲哥說。

　　「這樣的話我們不都是失敗者了嗎？」我笑著說，大家又開始七嘴八舌地討論起來。

　　「做到自己想做的事應該就算是成功。」安東尼站起來回答。安東尼是台灣最大電信公司的電腦工程師，上過國內外許多大師級的激勵課程，他的答案果然和其他人不一樣。

　　「說得很好。**『成功』不是和別人比較的結果，而是和自己比賽的結果。**

　　我給成功下的定義是：成功是『在期限內達成自己想要實現的願望，並且覺得滿足。』這就是成功的最佳定義。

　　所以，我們不必要成爲像比爾‧蓋茲、郭台銘那樣的人也同樣能夠享有成功。」

當然，成功的前提必須建立在沒有任何人受到傷害的基礎上。

當我們給「成功」下一個適當的定義之後，才能夠訂定合理的目標，相信自己可以做得到，而且後續步驟才能夠一一落實，你想要什麼就可以得到什麼，百分之百得到你想要的東西。

這是**打通成功任督二脈的第二個觀念**。

> **打通成功任督二脈的第二個觀念**
> 成功＝在期限內達成自己想要實現的願望，並且覺得滿足

⑥ 和天下第一大美女發生三種關係

「有一個大家常犯的誤謬，就是強調只要相信就會成功，絲毫不考慮願望的大小。殊不知，我們設定的願望必須要考慮其輕重大小，這個因素會影響願望實現的可行性與難易度。

例如：和天下第一大美女約會是一回事，成為男女朋友是一回事，和她結婚又是另外一回事。」

我進一步說明：「和天下第一大美女約會屬於『小事件』，成為男女朋友屬於『大事件』，結婚成為夫妻，這是屬於『命格』層次的事項。

小事件類的事件是指生活中的吉凶得失，影響的時間短、範圍小，像是：日常生活中吃飯、睡覺、打電話、抽菸、看電視、購物和客戶聯絡……等一些瑣事項，這類的事情通常在意識層面有這種想法，你就會想去做它，那麼事情就會發生。

另外像某些牽涉到客觀環境的事情，我們透過目標圖像法來執行，也都可以很容易的實現。例如你想念某個在遠地的友人，想起從前和他的種種難忘回憶，光是這樣想著，也許對方就會接收到你的心電感應，晚上心血來潮突然打電話給你，我

想很多人都曾經有過這樣的經驗。

　　2005年初藝人彭莉（彭立）　曾經在緬甸仰光的一家佛庵短期出家六十天，離開五光十色的大都會到一個接近蠻荒的地方，晚上只有燭火相伴，沒有任何現代化的用品，剛開始難免會感到適應不良，也許因為有點水土不服，彭莉竟然生起不知名的病。

　　有一天她突然興起很想吃草莓、餅乾、酸梅、蔬菜、水果的欲望，在如此簡單又清苦的生活中，想法越發強烈，結果讓人意想不到的事情發生了，當天稍晚真的就有人受託開車送來這些東西，你說神奇不神奇！

　　大事件類的事件是指可以導致人生興衰盛敗、禍福窮通的事件，像是：資格考試、投資、開創事業、移民等，這類的大事件往往造成人生的轉捩點、重大的改變。

　　命格類的事件是指個人的富貴貧賤、夭壽賢愚等基本格局，像是：成為總統、大富豪或是販夫走卒等。

　　這三種層次的事項有些看起來容易，有些似乎很難。**那些成為總統、富豪的人，靠的不只是吸引力法則，而是大成功法則，換句話說，大成功法則當然就更能夠幫助大家心想事成。**

　　我們可以說『願望的難易度＝願望的規模×人我關聯度』，願望的規模越大，就越需要大成功法則的幫助，至於人

我關聯度,我們稍後會詳細加以說明。」

我把大成功法則練習表從電腦中叫出來:「投影機螢幕上是願望規模練習表,請大家對照自己『目前』的生活狀況,把有代表性的事項或問題填寫在適當欄位。這個練習可以幫助大家更清楚的釐清目前的狀態。不清楚的欄位就不用填寫。」

這是**打通成功任督二脈的第三個觀念**。

打通成功任督二脈的第三個觀念

願望的難易度＝願望的規模×人我關聯度

願望規模練習表			
	命格類	大事件類	小事件類
事業			
財富			
愛情			
親情			
人緣			
生活			
身體			
心理			
心靈			

本書讀者可在http://omba.com.tw下載全部輔助表格

願望規模練習表（例）

	命格類	大事件類	小事件類
事業	目前是電腦工程師	負責一件重要案子	和客戶開會
財富	年收入150萬，有房子、存款	有投資股票、付房貸	每天身上只帶200元零用錢
愛情	希望有個好老婆	有特定的交往對象	常吵架
親情	父母健在、關係不錯	父親需洗腎	常打電話連絡
人緣	朋友多	和某個朋友鬧得很不愉快	和朋友聊天、打球
生活	自在就好	去年跌倒，腳傷還沒全好	抽菸、上班為停車位煩惱
身體	身體還算健康	長期睡眠不足、想減肥	感冒
心理	覺得自己是勞碌命	有憂鬱症	煩惱多
心靈	希望下輩子不用再來做人	有催眠看前世，成長很多	天生心軟

本書讀者可在http://omba.com.tw下載全部輔助表格

❼ 命運可以改變到什麼程度？

現在大家對願望的種類以及難易度應該更加清楚了。**願望要變成事實，必須先把這些觀念釐清楚，一旦清楚這些觀念，不想成功都很難。**

我相信有很多人依照《祕密》的吸引力法則去做，卻發現一點效果也沒有，其實並不是吸引力法則有問題，而是沒有人打通你的任督二脈！

我看大家寫得差不多了，問道：

「你們覺得小事件、大事件與命格這三類的事項，哪一種最容易變動？」

「當然是小事件啦！」大家不約而同的回答。

「其次呢？」我又問。

「是大事件！」這次憲哥搶先回答。

「沒錯。人生就是由小事件、大事件與命格這三種事項類型構成的，依照其容易變動與否的程度，依次是小事件、大事件與命格。」我說。

「現在，有誰可以告訴我『命運能夠改變嗎？』」我順便

給大家考一下試。

　　馬德琳舉手：「剛剛老師說：『人生就是由小事件、大事件與命格這三類事項形成的，依照其容易變動與否的程度，依次是小事件、大事件與命格。』不就是已經告訴我們命運是可以改變的嗎？」

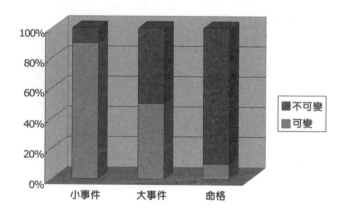

人生事件類型的可變性

　　「沒錯，人生絕非宿命，的確有很多事情隨我們的創意自由發揮，只是我們並未察覺罷了。更加精確的說法是：命運＝x％較難改變事項＋y％較易改變事項＋z％新創造事項。如果人生是固定、不能改變的話，那麼也就不需要討論吸引力法

則與大成功法則了！這個觀念是**打通成功任督二脈的第四個觀念**。

打通成功任督二脈的第四個觀念

命運＝x％較難改變事項＋y％較易改變事項

＋z％新創造事項

我們可以換個角度看。傳統的子平八字命理以分別代表年、月、日、時的『四柱』構成每個人的生辰八字，『年柱』有六十甲子年，『月柱』有十二個月，『日柱』有六十甲子日，『時柱』有十二時辰，加上男女起運方向不同，因此總共八字的組合就有60x12x60x12x2＝1,036,800種。

如果以全台灣2,300萬人來算，每22個人就會有相同的命盤；如果以全世界60億人來算，每5,787個人就會有相同的命盤。

另外，我們也可以從出生人數來看這種重複的情形。目前全世界每年新生人口約有1.35億人，也就是說每天出生37萬人，每分鐘出生256人，合計每個時辰（2小時為一個時辰）出生30,720人，這些人的八字命盤相同。

以台灣地區而言，台灣地區每天增加270人，每分鐘出生人數為0.375人，合計每個時辰出生45人，這些人的八字命盤也相同。

說到這裡我們不禁要問：這些命盤相同的人難道就會有一模一樣的命運嗎？他們有沒有可能都在同一天結婚、同一天生病、同一天發生同樣的事情？」我停了一下，等待學員回答。

「應該不可能吧！」憲哥有點心虛的說。某種程度上應該也代表大家的想法。

「沒錯！每個人即便有相同八字，但因為他生存環境的因緣以及個人行為的不同，就會使他的命運產生相當的差異性。現代自由社會的多樣化加上個人行為的主導權在自己本身，所以命運當然是可以改變的！

大成功法則就是強化自己來改變命運的大成功學。」我說。

現在我們已經把這個基本觀念理清楚了，不過，所謂「形勢比人強」，還有一個重要的基本觀念必須加以說明，否則我們仍舊無法隨心所欲實現我們的願望。

⑧ 是三邊關係，不是三角關係

「達到成功的第五個觀念是**了解目標的人我關聯性**。我們所設定的目標除了與自己有關之外，是否也和別人或外在環境有關。

例如：戒菸、減肥都是跟自己有關的事情，只要善用吸引力法則，下定決心、確實去做，一定會有成效。

但是有很多事情其實是跟別人有關聯性的，各位一定都有和老公、老婆、小孩搶電視遙控器的經驗，因為一個要看新聞，一個要看連續劇，一個要看卡通，所以即便像是看電視這樣的小事件，也都有人我關聯度的影響。

此外，像是劉姐希望每個月可以達到一億營業額，或是跟其他人的關係得以改善，或是像剛剛許小姐說想要股票賺大錢等等，這些目標跟自身以外的因素更是有相當大的關聯性，也許你有很多事情不能成功的問題就出在這裡，我把它叫做三邊關係。」

三邊關係不是男女的三角關係。

三邊關係定律把宇宙萬象化繁為簡，一切變化都在三邊關

係定律當中，是想要心想事成的總關鍵。

我們想要減肥、戒菸、搬家、學開車、把書讀好、儲蓄、分數成績、體能訓練這些事情跟自己本身有關，大部分取決於自己，受到別人影響的成分比較少，相對的也就比較容易實現。

至於其他像是升遷、選舉、銷售、做業務、股票、期貨投資、考試、競爭、建造高速公路等性質的目標，除了自己本身之外，也牽涉到別人，這類型的事情想要實現，當然要顧及別人的種種因素，不是自己想如何就可以如何，所以挑戰性也就比較高。有些除了與他人有很大的關聯性，甚至還有排他性存在，例如：許多人在爭取一個職務或是異性，其中只有一個人會如願，或者像股票投資，你賺錢就代表別人賠錢，這種與他人相關性目標需要更全面性的方法，才容易實現目標。

平衡的三邊關係

從三邊關係定律我們可以發現「環境」、「別人」與「自己」是我們生活及生存的三大重要元素，在我們起心動念與行為舉止的同時，都必須先處理這個三邊關係才能夠心想事成。這個觀念是**打通成功任督二脈的第五個觀念**。

「那麼，當我們為了滿足自己的欲望而企圖改變環境與別人之時，是否容許我們為達目的不擇手段、毫無限制、予取予求呢？」

大家聽我這一長串的說明，似乎還沉醉在思考當中，於是我接著說：「答案當然是否定的！」

我進一步說明：「**我們生存在地球的時空之中，每個人都會受到一定條件的制約，每一件事情牽一髮動全身，都必須從整體來評估，如此才有可能幫助我們真正成功**。在我們起心動念與行為舉止的同時，都必須兼顧到這個三邊關係，隨時隨地保持平衡、中道，才不致在運作中留下失衡的生命經驗，而變成我們日後人生的「負向作用力」，這個觀念在OMBA全能身心管理學有個專有名詞，叫做「策略智商」。

所謂「**策略智商**」（SQ，Strategic Intelligence Quotient）**是指在兼顧整體與個體利益的前提下，充分運用自己的思想、語言、行動，轉化別人的思想、語言、行動，並且整合環境的事、時、地、物等資源，以實現目標的能力。**

　　「策略智商」以目標爲導向，整合所有關聯元素達成目標的能力越好，就越能觀察形勢、有爲有守，採取正確的思想、語言、行動，一直到目標達成。這是古往今來所有成功偉人的唯一模式。

打通成功任督二脈的第五個觀念

願望實現力＝思想的力量＋語言的力量＋行動的力量＋與別人互動的力量＋與環境互動的力量

⑨ 如何得到原本不屬於我的？

「第六個觀念是要了解我們所設定的目標是原本我們就會得到的？還是原來沒有的？

大成功法則主張從更寬闊的時間與空間的觀點來看待吸引力法則，才能夠真正了解並證明為什麼宇宙會成全你的一切願望。

事實上，只要你起心動念的能量夠強（夠執著），這個念頭不僅會被忠實記錄保存下來，還會尋找一個適當的時空去自我實現，所謂「萬法唯心、萬法唯識」，這一切都是1.你自己的心念配合；2.宇宙的遊戲規則所共同創造出來的，你也可以說是「宇宙會成全你的一切願望」或是「我們生命中所發生的一切，都是我們的思想所吸引來的」。

所以我們人生所示現的一切，有一部份是先前心念能量穿越時空的延伸作用所造成，我把它叫做『先天吸引力法則』。另外一部份是現在的心念能量所造成，我把它叫做『後天吸引力法則』。先天與後天吸引力法則就構成了我們人生的軌跡（命運）。

很多大事件以上的人生際遇，都需要尋找適合的時空條件來實現，很少會馬上發生，而現在發生的大事件都是「先前心念能量穿越時空的延伸作用所造成」，東方有一句諺語：「百年修得同船渡，千年修得共枕眠」就是這個意思！西方人欠缺這個觀念，不過東方人因為文化的關係，比較能夠理解冥冥當中，人生的確有一個定數存在。

如果我們努力的目標是原本就會得到的，藉由吸引力法則，當然是水到渠成，例如像傑克‧坎菲爾、比爾‧蓋茲、巴菲特……等人的成就。

如果是我們原來沒有的，光靠後天吸引力法則不是完全做不到，而是會有自己的條件與環境條件等主、客觀條件的限制，例如像剛剛布魯托說想成為首富郭○銘就是其中之一，甚至憲哥說的娶天下第一大美女當老婆，甚至中樂透頭彩這件事也是。

如何利用這些觀念所研發出來的技術，化無為有、加速實現的時間，在後續還會有精彩絕倫、讓大家拍案叫絕的說明。**一旦我們充分掌握以上這些觀念，善用大成功法則，想要『娶天下第一大美女當老婆』也不是件困難的事！**」我說完，大家對憲哥又是一陣揶揄。

為了讓大家體驗一下大成功法則的威力，我做了一個刺激

腎上腺素分泌的舉動。我交代大家：

「大家從今天開始可以先找一件跟自己有關而且適當的願望，按照我們教導的「大成功法則」，利用一個月的時間來實現它，到時候我們來看看大家的成果如何，算是課程的作業。」

我一說完，大家馬上轉變默不作聲的狀態，開始交頭接耳、議論紛紛，打探別人要設定什麼願望……

打通成功任督二脈的第六個觀念

成功方針＝先天有時加倍有＋先天無時後天求

大成功法則的六大觀念

第一個觀念

人生＝事業＋財富＋人緣＋親情＋愛情＋生活＋身體＋
心理＋心靈

第二個觀念

成功＝在期限內達成自己想要實現的願望，並且覺得滿
足

第三個觀念

願望的難易度＝願望的規模×人我關聯度

第四個觀念

命運＝x％較難改變事項＋y％較易改變事項
＋z％新創造事項

第五個觀念

願望實現力＝思想的力量＋語言的力量＋行動的力量
＋與別人互動的力量＋與環境互動的力量

第六個觀念

成功方針＝先天有時加倍有＋先天無時後天求

⑩ 看流星許願
不如熟讀《大成功法則》

　　牛頓（Newton, Sir Isaac, 1642-1727）說：「如果我比別人看得遠，是因爲我站在巨人的肩膀上。」《大成功法則》就是巨人的肩膀，是古今中外所有成功者絕對遵循而且身體力行的成功祕訣，每個人都可以依照大成功法則所揭示的眞相，全面改造自己的人生。

　　大成功法則從宏觀的時間與空間角度，將影響我們人生成功或失敗的重要條件過濾出來，深入解讀古往今來不爲人知的現象，加以條理分明的歸類整理，並且透過簡易可執行的步驟，幫助每一個人獲得人生的最大值。

　　「大成功法則」簡單的說，就是：

　　「使用『宇宙的語言』提出願望，你必獲得！」

　　「大成功法則」完整的說，就是：

　　「我們每個人都具足創化一切的自性能量，只要我們能了解因緣果共構原理，遵循宇宙的遊戲規則，從思想、語言、行動創造有利的條件，就一定能夠心想事成而且心滿意足。」

我們總是像小孩子一樣，向宇宙要求：「我想要這個、我想要那個！」

的確，宇宙一定會成全你，但不是用你的方式。

祂會耐心的等你準備好，一但你做好了你應該做的，宇宙絕對不會讓你失望！

莊子說：「夫道，有情有信，無為無形。」孔子也說：「天何言哉？四時行焉，百物生焉，天何言哉？」大成功法則體現的就是完全自然、順勢的力量。遵循《大成功法則》智慧地撒下成功的種子，掌握不同時空的因緣共構關鍵，加上自強不息的去實踐，自然就能水到渠成、開花結果。

有一天，北風與太陽彼此爭論著誰的力量比較強大，這時剛好有一個旅行者經過，太陽就說：「我想到一個好方法可以證明誰是對的。你看那位穿著大衣的旅行者，我們誰能夠讓他脫下大衣，誰就是最強的。從你先開始吧。」

太陽說完，就躲到一朵雲的後面，讓北風開始展現他的威力，北風想把旅行者身上的衣服吹落，於是便用力的吹在旅行者身上，但是北風吹得愈用力，旅行者的大衣就裹得愈緊，嘗試了許久，最後北風只好絕望地放棄。

　　接著，輪到太陽嘗試，太陽從雲端出來，將他所有的光芒照射在旅行者身上，旅行者開始汗流浹背，最後他不僅脫下大衣，還把全身衣服脫光，跳到河裡去洗澡。

　　由此可見，違反自然的根本道理，而想要以自己主觀意念為中心，逆勢強求環境顯化符合利益的結果，反而是捨本逐末、欲速而不達。這是大成功法則的基本信念，也是對每個人能夠成功富貴、長長久久的保證。

　　大成功法則能夠歷久彌新、讓您心想事成的祕密，就是下面這六個：

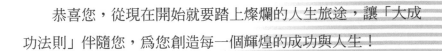

第一個祕密：有正確座標的願望

第二個祕密：身心靈合一（含後天吸引力法則）

第三個祕密：先天吸引力法則

第四個祕密：累積正向的反作用力

第五個祕密：佈局因緣場

第六個祕密：化阻力為助力

　　恭喜您，從現在開始就要踏上燦爛的人生旅途，讓「大成功法則」伴隨您，為您創造每一個輝煌的成功與人生！

第二章　命中目標篇

① 第一個祕密：有正確座標的願望

　　有一次跟幾位多年老友在市區一家五星級飯店聚會，其中
有很多人這幾年來發展得十分順利，似乎一切好運都發生在他
們身上，例如：幾年前原本是無殼蝸牛，後來順利買了房子；
幾年前跟大家一樣大學畢業，現在已經擁有博士學位；也有人
初入社會從基層做起，幾年後已經擁有自己的公司或是成爲公
司的主管，而且大部分人都已經結婚生子，家庭幸福美滿……

　　散會之後，小陳私底下問我，他（她）們的成就不僅令人
羨慕，也使人好奇，他們是怎麼做到的？其他朋友在幾年前的
條件並不比他們差，爲什麼還在原地踏步？這其中除了運氣之
外，一定還有什麼不爲人知的祕密！他很想知道到底是什麼因
素造成這麼大的發展差異？

　　「答案其實很簡單。」我說。「他（她）們的共同點只有
一個，那就是他們充分規劃了人生的願景與進程，並且有計劃
地努力完成這些目標！」

　　「人」分成三「類」。一類是命好的人，家裡幫他們安排
好了一切，從出國留學到安排工作，一切好像順理成章的發生

了。

第二類是運好的人，生活中遇到貴人提拔，因緣際會、左右逢源，人生也自然而然水漲船高。

第三類的人既沒有家勢背景也沒有貴人提拔，想要成功就要靠自己努力經營規劃自己的人生。**他們必須擅於設定人生的願景（立志），知道自己努力的方向，如此才能夠有效的統合所有資源，並且產生鞭策自己的效果，並且積極運用每一天去實現。**

漫無目標的生活就像出海航行而沒有羅盤。人生沒有目標就像沒有羅盤的船隻，只能在汪洋大海中盲目航行、隨波逐流，甚至原地打轉。我們一生當中如果沒有適當地為自己設定想要達成的目標，將會徒然浪費大部分的生命。

我有一個女學員，讓我印象非常深刻，當時她就讀某大學的服裝設計科三年級，有一次跟她聊天，發現她從大一的時候，就規劃好大學畢業之後要出國深造，因此她為自己細心規劃了四年培訓計劃，包括打工賺錢、參加各種服裝設計比賽、學英文、考托福、遊學……等等，可以想見，這位女學員日後果真完全按照她的計劃實現了願望，而學校裡其他同學還在為畢業後將何去何從擔心不已。

「設定目標」是成功者與失敗者的識別證。然而，百分

之九十五以上的人，卻都反其道而行，過一天算一天，漫無目的的過日子。就像赫塞在《流浪者之歌》說的：「大多數人就像是落葉一樣，在空中隨風飄浮、翻飛、盪漾，最後落到地上。」

爲未來設定目標是所有成功者共同的習慣，有目標才能規劃從現在到未來的期限內，應該做哪些事，因此才能全力以赴達成目標，成功就是如此累積而成。

稍微回想一下，你或者周遭的人，每天是不是渾渾噩噩往返於住家與公司之間，就這樣一天過一天，最後等你有所警覺的時候卻已經年華老去、青春不再？

即使你並不想揚名立萬、功成名就，然而，與其糊里糊塗過完一生，倒不如找幾件自己想做的事，有計劃的去完成，利己的目標如：到國外旅遊、買更好的車；利他的目標如：爲孩子準備留學基金、幫助窮困……。一旦你養成這個習慣，你就不會再放棄，因爲你會發現它真的爲你帶來截然不同的人生品質，你的人生是有價值的，而且每分每秒都充滿了自我認同的喜悅，不會再感到卑微與渺小，不會再有無助與了無希望的感嘆。

明確的目標讓我們分清楚事情的輕重緩急，有效率的去實現所有我們喜歡做的事，而不是浪費時間的做那些自己不願意

做的事情。別人也許會告訴你，你應該成為什麼，但那些大部分都不是你真正想要的，你要做的只是誠實的面對自己，做自己的主人，大膽寫下你真正想要的，不必在意別人的眼光，這樣在努力實現目標的過程中，將會讓我們每天進步而充實，充滿驚奇、樂趣與成就感，幾年之後，當你驀然回首，將會發現這是你一生中最美好的時光。

如果你對於應該設定什麼目標還是茫無頭緒，那麼你可以參考大成功法則中的人生九個面向來發想，把你能想到的願望分類填在「願望九宮格」表中，然後按照本書提供的有效步驟階段進行。無論如何，你一定要馬上開始，把它們寫下來，目標是你創造出來的，人生絕對可以煥然一新，這一切就等你跨出歷史性的一步，按照本書的步驟去做，一點都不難。

願望九宮格

親情	身體（身）	事業
愛情	心理（心）	財富
生活	心靈（靈）	人緣

本書讀者可在http：//omba.com.tw下載全部輔助表格

願望九宮格（例）

親情	身體（身）	事業
我想要多和家人相聚。	我想要減肥。 我想要身體健康。	我想要自己創業。 我要達成每個月的業績目標。 我想要多從事慈善公益活動。
愛情	心理（心）	財富
我想要早日找到另一半。	我想要幸福。	我想要賺大錢。 我想要買房子。
人緣	心靈（靈）	生活
我想要和同事的關係更好。 我想要多交朋友。	我想要找尋人生的意義。 我想要在宗教修行上更上層樓。	我想要環遊世界。 我想要每天都能準時上班。 我想要家裡乾淨舒適。

② 目標

設定目標最有效的方法

　　如果你的願望是屬於大事件以上的性質，勢必需要較長的時間來實現它，所以要將目標分成「最終目標」與「階段目標」兩種。有些較小的願望，當然也可以這麼做，下面我們就來看看如何進行。

　　「階段目標」就是「實現最終目標的實際程序」，我們稍後將根據「最終目標」進行SWOT分析與SWOT策略，並依照SWOT策略擬定「階段目標」，一步一步實現「最終目標」。

　　在設定「最終目標」與「階段目標」時，我們要正確的將目標描述出來，下列五點就是設定目標最有效的方法，非常重要，關係到最後的成敗。

一、目標必須具體（Specific）

目標必須明確具體，空泛、抽象的描述會讓執行的結果打

折扣，甚至完全無效。

以前面所舉的買房子為例，不具體的描述（例如：願望）就像這樣子：

「我想要買房子。」（或是：我想擁有多少錢）

具體的「最終目標」描述應該像是：

「我要在五年內，擁有台北市區四十坪電梯大樓的房子。」

此外，在描述目標時，還有一些重要原則必須遵循。

1.使用正面的字眼

目標描述中不可以包含任何負面的字眼。目標描述中的一字一句都是有能量的，只要出現在目標描述中，就會被執行，即使是你不想要的。

相信有很多人都害怕看牙醫，牙痛的時候總是不到最後關頭，絕不輕言犧牲，直到受不了了，才懷著一顆深怕受傷害的心找牙醫治療。

為什麼有那麼多人害怕看牙醫呢？說穿了其實很簡單，因為牙醫一直在說負面字眼，他們總是告訴你：「一點都不會

痛。」即使他們的用意是要安慰你，讓你不要那麼緊張，卻因為牙醫反覆提到「痛」這個字，患者因此一直受到「痛」的暗示，不知不覺就痛得更厲害了。

的確是如此，我們常常告誡小孩子：「不要跑太快，小心跌倒喔！」結果小孩往往就是會跌倒給你看，因為你給了他負面的暗示。

在我們正面定力不足的時候，莫非定律（Murphy's Law）就會跑出來作祟。

假設我要你不要想到那隻「耳朵很大的粉紅色小飛象」，千萬千萬千萬不要想到那隻「耳朵很大的粉紅色小飛象」，試問，那隻「耳朵很大的粉紅色小飛象」是不是正在你腦海裡自在地飛翔呢？

有一次我在一家影音網站尋找KUSO關鍵字，看看有沒有KUSO的資料。KUSO是日本話，原本是「可惡」的意思，通常也拿來當成罵人的慣用語，但是一來到台灣卻變成「惡搞」、「爆笑」的代名詞並且蔚為風潮，實在始料未及。

果真，搜尋結果出現了一大串相關影音，其中有一則的簡介說明引起我的注意。它說：

（裡頭沒有寫真……18禁……情色……無碼……也不是KUSO……星光幫沒在這裡……蕭敬騰……楊宗緯在心中）

初看有點怪怪的，如果不是KUSO，為什麼要特別標明不是KUSO，還是真的在搞KUSO？再看節錄畫面，是一串像水晶手鍊的東西，越看越覺得很KUSO，索性點進去看一看，果真……的確是賣水晶手鍊的廣告——真的是冷到冰點！

張貼者獨具用心的運用一些熱門關鍵字，明白表示沒有這些東西，但是它之所以被搜尋到也是因為這些關鍵字，實在是用心良苦啊！經過這一次「教訓」，讓人充分體會到為什麼目標描述中，不可以包含任何負面字眼的原因了。

2.使用第一人稱

既然是自己要達成的目標，當然要從自己的觀點來描述，例如像上例：

「『我』要買在台北市區四十坪電梯大樓的房子。」

其次，請比較下面這個例句：

「在台北市區買四十坪電梯大樓的房子。」

沒有「我」這個主詞，是否覺得缺少了一點動力？所以，

描述目標的時候記得要用最有力量的「我」這個字。

3.用現在式或現在完成式來描述，不可用未來式。

目標是要被實現結果的描述，如果使用未來式的話，這個目標永遠在未來才會實現，而未來永遠是未來，永遠不會到來，目標當然也永遠不會實現。例如：

「我未來要在台北市區買四十坪電梯大樓的房子。」

4.設立單一目標。

5.越簡潔有力越好。

二、可以量化（Measurable）

目標必須用可以被檢視、測量的方式描述，這樣的描述讓行動更加明確。例如：

「我要在2013年，擁有台北市區四十坪電梯大樓的房子。」

以上是最終目標，至於階段目標的描述應該像是：

「我要每一年存80萬元購屋基金。」

一個量化的目標可以很容易幫助我們確認該目標是否已經完成？知道自己有多少進展？要努力的程度又是多少？

三、可以實現（Achievable）

目標必須很實際，可以實現，可以被接受。

1.目標要在可以達成的範圍。

再以買房子為例，在台北市區買四十坪電梯大樓的房子對當事人而言是可以達成的，如果目標換成是台北市區買二百坪價值數億元的豪宅，那麼對當事人就變成是無法做到的「夢想」了。

2.目標確實是自己想做的事。

有人買房子是基於生活的需要、理財的考量，有些是基於根深蒂固的社會價觀，總認為擁有自己的房子才有保障，有些則是被未婚妻或丈母娘要求要買房子……不管是哪一種理由，你所訂定的目標一定要能被自己接受，確實是自己想做的事。

3.目標確實是自己預期可以達成的。

在合理可以達成的目標範圍內，採取適當的策略和方法是否可以達成目標？自己是否有足夠的資源、知識和技術？是否需要他人的幫助？

如果以上答案都是肯定的，就表示目標確實是自己預期可達成的，否則的話就必須更改目標。

四、結果導向（Result-oriented）

目標的描述必須是具體的成果，而不是某種行動或過程。例如：

「我要存錢買房子。」

「我要開始減肥。」

這些目標就是不符合結果導向的例子。

如果你的目標讓你產生「這樣算不算達到目標？」的困惑，就表示這個目標描述有問題。

五、有時間性（Time-limited）

目標必須有時間上的限制，才能夠隨著時間的進展去追蹤它們的執行程度。例如：

「我要在2013年，擁有台北市區四十坪電梯大樓的房子。」

以上是最終目標，至於階段式目標的描述應該像是：

「我要每一年存80萬元購屋基金。」

限時達成的目標可以讓我們有效率地去達成目標，同時也可以分辨目前努力的成果與未來還需要繼續努力的範圍，還能夠讓我們選擇更有效率的方法，避免無效作為所造成的時間浪費。

❸ 評估・決策
找出幫助自己成功的絕招

《孫子兵法・謀攻篇》說：「知己知彼，百戰不殆；不知彼而知己，一勝一負；不知彼，不知己，每戰必殆。」

《孫子兵法》認為在戰爭中，只要充分了解敵我雙方的情況，妥善謀策因應，無論經歷多少次大戰，也不致陷於危險之中；不了解敵人，只了解自己，則勝負各占一半比例；不知道敵情，又不清楚自身的力量，則每戰必敗。

同理，我們在設定最終目標時，必須徹底分析自己的優點與缺點以及外在環境的機會與威脅，綜合評估這些彼此影響的要素，擬定最佳的策略與方法，才能夠事半功倍、馬到成功！

最佳自我評估法

SWOT分析是相當有效的策略性規劃工具，主要是針對內部優勢與劣勢，以及外部環境的機會與威脅來進行分析，除了

可用來做為企業形成策略的重要參考之外，亦可用在個人身上，作為分析個人競爭力與生涯規劃的方法，稱得上是一種相當有效率，而且能夠幫助我們快速釐清狀況、正確決策的輔助工具。

SWOT分別由Strength（優勢）、Weakness（劣勢）、Opportunity （機會）、Threat （威脅）四個英文單字的頭一個字母所組成，其各因素的意涵為：

1.優勢（Strength）：是指自己所擁有的優點，在實現目標的過程中，較有利的內部因素。

2.劣勢（Weakness）：是指自己需要注意的弱點，也就是自己的缺點，是不利自己達成目標的內部因素；

3.機會（Opportunity）：是指能夠幫助自己達成目標的外部環境因素。

4.威脅（Threat）：是指阻礙自己達成目標的外部環境因素。

以下我們仍舊以購屋為例，進行SWOT分析。例如：

自己的優勢有：

1.個人信用記錄很好。

2.工作穩定。

3.年收入高。

4.必要時，有兼差的空間。

自己的劣勢有：

1.跟朋友應酬的開銷大。

2.每年至少會出國旅遊一次。

3.欠缺理財的知識。

4.懶惰、不夠積極。

環境的機會有：

1.政府推出一生兩次，兩百萬元優惠房貸政策。

2.空屋率高。

3.房屋仲介市場成熟，房價透明化。

環境的威脅有：

1.市區房價居高不下。

2.通貨膨脹壓力大。

3.存款利率偏低。

　接著，就可以將所得的結論分別填寫在SWOT分析表的相關欄位中。如下表：

SWOT分析表（例）

SWOT 矩陣	幫助達成目標的因素 Helpful to achieving the objective	妨礙達成目標的因素 Harmful to achieving the objective
內部因素 Internal attributes	**優勢** Strengths 1. 個人信用記錄很好。 2. 工作穩定。 3. 年收入高。 4. 必要時，有兼差的空間。	**劣勢** Weaknesses 1. 跟朋友應酬的開銷大。 2. 每年至少會出國旅遊一次。 3. 欠缺理財的知識。 4. 懶惰、不夠積極。
外部因素 External attributes	**機會** Opportunities 1. 政府推出一生兩次，兩百萬元優惠房貸政策。 2. 空屋率高。 3. 房屋仲介市場成熟，房價透明化。	**威脅** Threats 1. 市區房價居高不下。 2. 通貨膨脹壓力大。 3. 存款利率偏低。

SWOT分析表

SWOT 矩陣	幫助達成目標的因素 Helpful to achieving the objective	妨礙達成目標的因素 Harmful to achieving the objective
内部因素 Internal attributes	優勢 Strengths	劣勢 Weaknesses
外部因素 External attributes	機會 Opportunities	威脅 Threats

本書讀者可在http://omba.com.tw下載全部輔助表格

絕對有效的SWOT策略

根據SWOT分析的結果，可以幫助我們利用最大之優勢和機會及最小之劣勢與威脅，進行SO、ST、WO、WT策略交叉比對及分析，如此就可以幫助我們找出最佳執行策略及方法，成功達成目標。

SO策略欄位是參照SWOT分析表中的「優勢」與「機會」點所擬出來的策略。例如：根據前述的「優勢」與「機會」點我們可以擬定出下列的具體作法：

1. 維持良好個人信用以及穩定的工作，把握政府優惠房貸，向銀行爭取較優厚的貸款條件。
2. 尋找台北市區空屋率較高的地區，爭取殺價空間。
3. 衡量自己的專長及社會的需求，創造第二份收入。

ST策略欄位是參照SWOT分析表中的「優勢」與「威脅」點所擬出來的策略。例如：根據前述的「優勢」與「威脅」點我們可以擬定出下列的具體作法：

1. 減少存款的比重。
2. 增加低風險投資比例。

　　WO策略欄位是參照SWOT分析表中的「劣勢」與「機會」點所擬出來的策略。例如：根據前述的「劣勢」與「機會」點我們可以擬定出下列的具體作法：

　　1.充實自己的理財知識。

　　2.尋求理財專家的建議。

　　3.尋找可行的投資工具。

　　WT策略欄位是參照SWOT分析表中的「劣勢」與「威脅」點所擬出來的策略。例如：根據前述的「劣勢」與「威脅」點我們可以擬定出下列的具體作法：

　　1.因應物價上漲，儘量減少和朋友應酬的次數。

　　2.出國旅遊可免則免，或者是找較低消費的旅程或台幣相對升值的國家。

　　接著再將所得的結論分別填寫在SWOT策略表的相關欄位中。如下表：

SWOT策略表（例）

SWOT 矩陣		内部因素分析	
		優勢（Strengths）	劣勢（Weaknesses）
外部因素分析	機會（Opportunities）	**SO策略** 1.維持良好個人信用以及穩定的工作，把握政府優惠房貸，向銀行爭取較優厚的貸款條件。 2.尋找台北市區空屋率較高的地區，爭取殺價空間。 3.衡量自己的專長及社會的需求，創造第二份收入。	**WO策略** 1.充實自己的理財知識。 2.尋求理財專家的建議。 3.尋找可行的投資工具。
	威脅（Threats）	**ST策略** 1.減少存款的比重。 2.增加低風險投資比例。	**WT策略** 1.因應物價上漲，儘量減少和朋友應酬的次數。 2.出國旅遊可免則免，或者是找較低消費的旅程或台幣相對升值的國家。

SWOT策略表

SWOT 矩陣		内部因素分析	
		優勢（Strengths）	劣勢（Weaknesses）
外部因素分析	機會（Opportunities）	SO策略	WO策略
	威脅（Threats）	ST策略	WT策略

本書讀者可在http://omba.com.tw下載全部輔助表格

④ 階段性目標

這樣做，願望就能成真

前面提過，目標分成「最終目標」與「階段目標」兩種。「最終目標」是我們要去實現的願望，「階段目標」就是「實現最終目標的實際程序」。

我們已經根據「最終目標」進行SWOT分析與SWOT策略，並依照SWOT策略擬定「階段目標」，一步一步實現「最終目標」。

目標設定有一個重要的祕訣，那就是必須依循「由上而下」原則。亦即，當我們在願望九宮格確立了想要實現的願望之後，再來就是要設定合理的完成期限，然後再根據這個期限往下規劃階段性目標。

目標設定「由上而下」原則

1. 確立想要實現的願望（最終目標）。

2. 設定完成期限。

3. 往下規劃階段性目標，使能在期限前達成最終
   目標。

4. 評估有效的策略與方法。

5. 評估各階段性目標的合理性，如果不合理，則
   重新設定完成期限。

例一

以減肥（願望）來說，假設現在要從68公斤減到理想的
體重50公斤，一共要減重18公斤。

如果想在三個月達成目標的話（最終目標），以此為完
成期限，我們往下規劃階段性目標，每個月就要減輕6公斤體
重。

然而，按照健康減重的原則，一個月最多不能超過4公
斤，每個月減輕6公斤體重就不符合這個原則，所以必須加以
修正。

　　如果想在六個月達成目標的話（最終目標），以此為完成期限，我們往下規劃階段性目標，每個月就要減輕3公斤體重。

　　如果想在九個月達成目標的話（最終目標），以此為完成期限，我們往下規劃階段性目標，每個月就要減輕2公斤體重。

　　階段性目標規劃好之後，在執行層面上，我們就必須擬定策略及方法，依循「由下而上」原則，循序漸進地一一達成階段性目標。

		最終目標	
階 段 性 目 標	第九個月目標		九個月達成目標 50公斤
	第八個月目標		52公斤
	第七個月目標		54公斤
	第六個月目標	六個月達成目標 50公斤	56公斤
	第五個月目標	53公斤	58公斤
	第四個月目標	56公斤	60公斤
	第三個月目標	59公斤	62公斤
	第二個月目標	62公斤	64公斤
	第一個月目標	65公斤	66公斤
	目前狀態	68公斤	68公斤

例二

以買房子（願望）來舉例，假設現在符合你理想的房屋價格是2000萬元，房貸約可貸到八成，自備款需要400萬元。

如果你想在五年內達成目標的話（最終目標），以此為完成期限，我們往下規劃階段性目標，每個年就要有80萬元的存款。在這個案例裡，**你也可以單純的把它當成是五年擁有400萬元財富的目標，而不是買房子。**

初步看起來，如果你覺得一年存80萬元的目標似乎無法達成的話，也不要急著想拉長完成期限，因為存款和減重不同的是存款有比較大的變化彈性，不像減重有健康考量的限制，如果能充分運用投資理財工具的話，很可能就可以達成目標。所以我們可以衡量這些策略及方法，重新設定階段性目標。

例如：每年可存款60萬元，第二年利用第一年的60萬元進行有限風險的投資理財，利潤有10％，即6萬元，再加上第二年可存款的60萬元，一共可達成126萬元的目標。

依此類推，只要五年多的時間，一樣可以達成買房子的願望。

		最終目標	
階段性目標	第五年目標	277.6+27.8+60=365.4萬元	80+320 =400萬元
	第四年目標	198.6+19+60=277.6萬元	80+240 =320萬元
	第三年目標	126+12.6+60=198.6萬元	80+160 = 240萬元
	第二年目標	60+6+60=126萬元	80+80=160 萬元
	第一年目標	60萬元	80萬元
	目前狀態	0萬元	0萬元

　　階段性目標就像是樓梯一樣，每一階樓梯的高度都相同，讓我們有可靠的預期，衡量「努力做為」的成效，幫助我們「由下而上」，一步一步完成，直到最終目標完成。

　　階段性目標就像飛機的自動駕駛儀可以讓我們不斷修正航線，除了階段性目標之外，我們也可以在中途設定一個或數個中期的評估點，在這些評估點上，如果結果與目標產生太大的差距，就必須重新衡量「策略」與「方法」，以求跟上進度。

　　以上述減肥的例子而言，最終目標規劃以九個月來達成，除了每一個月的階段性目標外，我們可以在第三個月以及第六個月各設定一個評估點，評估執行的成效，如果進度落後，就必須重新評估，甚至更改策略。

　　以上述買房子的例子而言，最終目標規劃以五年來達成，除了每一年的階段性目標外，我們可以在第三年設定一個評估點，評估執行的成效，以確保執行的績效。

　　「清楚知道自己想要什麼，一步一步去實施，在期限內完成」，成功者都是這樣實現他們的成功。

　　成功就是這麼簡單，如果你還沒有想過「n年之後你在做什麼？」如果你還沒有養成設定目標的習慣，讓大成功法則幫助你、陪伴你，找到未來想要成功的目標。

第三章　予取予求篇

① 第二個祕密：身心靈合一

「目標導向」是古今中外所有成功者「必定要會」的技術，只要使用大成功法則的第一個祕密，就可以幫助大家有求必應，實現許許多多願望。

但是這還不夠！

因為你應該得到更多！

當我們確認了目標願望，並且「由上而下」設定了具體可行的目標，擬定了最佳策略與方法之後，接著來就要按照「由下而上」的原則，一步步確實去執行，在這個階段裡，「實現力」就是一個相當重要的因素。

大成功法則讓你擁有超級實現力的祕密武器就是「身心靈合一」！後天吸引力法則就是其中的一部分。

古今中外所有的成功者，最大的祕密就是「身心靈合一」，除此之外別無他途。

「人」是身心靈的結合體。

「身」就是指身體、行動。

「心」是指心理、意識、想法。

「靈」是指心靈、潛意識、信念。

只有身心靈三者合一、方向一致，才能夠讓我們隨心所欲、心想事成。

身心靈合一看起來簡單，我們每天幾乎都可以看到這三個字，而且與自己的關係似乎是如此的密切，以致於常常誤認爲自己理所當然是身心靈合一的，然而，眞的是如此嗎？

其實不然。

一百個人當中有九十九個人是身心靈分裂的！

你是否每天做事都提不起勁？

你是否身不由己，每天都在「做」你不「想」做的事？

你是否在「做」這件事的時候，還在「想」那件事？

你是否常常「心」「口」不一？

你的想法是否不能實現？常常事與願違？

你是否明明知道應該「這麼做」，卻偏偏莫名其妙地「那麼做」？

你是否發現頭痛並不一定心痛？心痛並不一定頭痛？

你是否每天都處於「心」「神」不寧的狀態？

你是否已經很久沒有做你喜歡的夢？

你是否常常在做會讓自己後悔事？

你是否每天都不快樂？

……

這些都是身心靈分裂的症狀。

大成功法則要使用非常巧妙的方法，從來沒有人告訴過你的訣竅，讓每個人都能達到身心靈合一的境界，透過身心靈合一讓你美夢成眞！

② 動機

找出讓你神魂顛倒的原因

傳說清朝乾隆皇帝當年巡察江南的時候，看到江面上有許多船隻來來往往的繁華景象，不禁好奇地向左右大臣問道：「江上熙來攘往者為何？」陪伴一旁的大學士紀曉嵐隨口回答說：「無非為『名』、『利』二字。」紀曉嵐的回答真可說是又機智幽默，又一針見血，傳為千古佳話！

當我們許下願望、設定目標之後，接下來當然就是要立即行動，依照所設的目標，一步一步去實現！為了幫助自己展現最佳的「實現力」，除了認清目標之外，更重要的就是要讓自己保持持續不墜的「動力」，不達目的絕不終止，這就與「動機」有很大關係。

假設你想要購買房屋，你可能會單純的畫一張或找一張你想買的房子的圖片，貼在隨時可以看得到的地方，用來激勵自己，但是**這樣做就好像用一支竹竿綁著一捆牧草，吊在一隻馬前面，引誘牠往前走。看起來馬似乎被牧草吸引著往前走，然而實際上馬是為了填飽肚子、消除饑餓，才會對牧草有興趣，**

這才是馬不斷往前走的動機。

　　相同的，強化實現力最好的方法就是深入自己內心，去覺察你真正想要獲得什麼？例如：想要買房子的真正動機是什麼？你辛苦存錢購屋，往後還要負擔沉重的分期付款，這一切真正想得到的是什麼？達成目標後有什麼好處？這才是我們想要實現願望的真正原因。

　　如果你有一個願望，卻沒弄清楚願望背後的動機是什麼？就表示你還沒有準備好實現這個願望。

　　就如同小孩子看到玩具就想買一樣，我們常常萌生不切實際、因為貪心、羨慕而起的願望，這些都會浪費你實現真正願望的資源和能量，只因為你不了解願望背後的動機。

　　所以接下來我們就需要一種能夠幫助我們發現真正動機的最佳方法。

❸ 激勵病貓成老虎

馬斯洛（Abraham Harold Maslow，1908－1970）是二十世紀影響人類最深遠的心理學大師，《紐約時報》曾經大加讚譽：「馬斯洛心理學是人類了解自己過程當中的里程碑。」

馬斯洛於1954年發表「需求階層理論」，提出人類有五個層次的需求，包括生理需求、安全需求、愛與歸屬需求、自尊需求與自我實現需求等五種。其彼此之間的特色是當低層的需求被滿足之後，更高一層的需求就會隨之產生。

1970年代，馬斯洛需求階層理論經過修訂，在「自尊需求」與「自我實現需求」之間，加入了「認知和理解需求」與「審美需求」等兩種，使得需求階層理論更臻完美。

1990年代，馬斯洛需求階層理論又被進一步調整，在最頂端增加了「超越性需求」，完成了「需求階層理論」的全部架構。

馬斯洛的「需求階層理論」指出：我們成長與發展的內在力量是動機，然而，動機是由各種不同性質的需求組合而成，

各種需求之間有先後順序和高低層次之分，個體人格發展的境界或程度取決於每一層次需求的滿足。

一、生理需求（**Biological and Physiological needs**）

生理需求是指尋求基本生存條件的滿足，如：空氣、食物、飲水、取暖、性、睡眠……等等。

二、安全需求（**Safety needs**）

安全需求是指尋求安全、保護、避免危險、職業保障等需求，當生理需求滿足後，人們繼續尋求未來生理需求的滿足，包括健康的身體及穩定、寬裕的生活等。

三、愛與歸屬需求（**Belongingness and Love needs**）

愛與歸屬需求是指尋求親情、友情、愛情、人際關係、職場關係、社團關係、影響力、接納、社交、浪漫、平靜……等等，被人接納、愛護、關注的需求。

四、自尊需求（**Esteem needs**）

自尊需求可分為自尊與受到尊重兩類。是指尋求成就、地位、責任感、名譽、權力、獨立、榮譽、競爭……等等。這個需求的滿足會讓人產生自信，覺得自己在這個世界上有價值，有些人會停留在這個需求及以下的層級，沒有再往上發展。

五、認知和理解需求 （**Cognitive needs**）

認知和理解需求是指尋求知識、意義、好奇心等，讓人去

探索、分析、解釋及瞭解事情眞相的需求。

六、審美需求（**Aesthetic needs**）

審美需求是指尋求、欣賞美、平衡、表現形式等，對美好的事物的需求。

七、自我實現需求（**Self-Actualisation needs**）

自我實現需求是指尋求個人成長、成就感、高峰經驗、理想主義……等等。

馬斯洛需求階層理論

八、超越性需求（**Transcendence needs**）

超越性需求是指幫助他人達成自我實現⋯⋯等等，或稱為靈性需求，這是人類最高層次的需求。

動機的來源就是「需求階層理論」的八種需求，我們在每種需求得到滿足的時候就會感覺到快樂，反之則產生痛苦。

討論了這麼多，現在就讓我們開始根據「需求階層理論」來探索想要達成目標的動機，也就是達成目標後有什麼好處？並且一一寫在達成目標的動機表欄位中，注意，**在描述的時候，請用「我可以⋯⋯感覺⋯⋯」的句型來造句。**

達成目標的動機表

目標	
需求階層	請根據目標寫下自己的動機
生理需求	
安全需求	
愛與歸屬需求	
自尊需求	
認知和理解需求	
審美需求	
自我實現需求	
超越性需求	

本書讀者可在http://omba.com.tw下載全部輔助表格

達成目標的動機表（例）

目標	我要在2013年，擁有台北市區四十坪電梯大樓的房子。
需求階層	請根據目標寫下自己的動機
生理需求	
安全需求	我可以有一個不怕風吹雨打的窩，感覺很棒。 我可以不用再忍受租房子居無定所的感覺。 我可以不用再忍耐時常搬家的不便，感覺很輕鬆。
愛與歸屬需求	我可以接父母過來住，以盡孝道，感覺很高興。 我可以讓家人相處更和樂，更有向心力，感覺很溫暖。
自尊需求	我有自己的房子可以讓親戚、朋友看得起，感覺很棒。
認知和理解需求	
審美需求	我可以自由佈置、裝潢自己的房子，感覺很自在。
自我實現需求	我可以擁有一個屬於自己的溫暖的家，感覺很滿足。
超越性需求	

④ 信心

阻礙是幫助你打敗競爭者的大功臣

事情通常分成兩種，一種是不會為難你，讓你能夠順順利利完成的事情，另外一種是多半會有充滿困難與挫折等驚喜的那種。不幸的是，「人生不如意事十之八九」，也就是說我們想要實現的事情，多半會遇到許多阻礙，這時候就是決定誰是成功者、誰是失敗者的重要時刻！

其實我們應該把阻礙當成朋友，它們是幫助你打敗競爭者的大功臣，因為失敗者遇到障礙就會打退堂鼓，而你仍舊會繼續堅持下去。

畢竟，電影中沒有一帆風順的主角。電影主角如果沒有經歷種種困難，又如何能夠成為主角？電影又如何會好看？

俗話說：「有志者事竟成」，只要我們建立一個目標，努力不懈、突破萬難，最後總是可以達成追求的目標，其所憑藉的就是相信自己可以做得到的信心。

「信心」可以產生決心與勇氣，信心十足的人積極樂觀、不怕挫折，自然容易成功。愛迪生為了發明電燈，失敗了五萬

次也沒有放棄，終於成功發明了電燈；「汽車大王」福特沒有高學歷，也沒有學習過汽車製造技術，經過二十多年的努力奮鬥，終於成功製造出世界第一部汽車。

二次世界大戰時的英國首相邱吉爾（Winston Churchill）面對空前的內憂外患時，仍舊自信的說：「一個人的成就，不是依賴其聰明與智慧，而是在面對逆境時能堅持下去的勇氣。」

信心是對所盼望的事有把握，對還未發生的事能肯定。一個人之所以能夠成功，並非取決於學歷或財力等外在條件，關鍵在於「相信自己可以做得到的信心」。如果一個人做事缺乏信心，那麼他的意念必定消極，行動也不會得力，遇到困難或挫折就容易讓步或退卻。所以即便是遇到逆境，最好的策略還是「充滿自信，勇往直前」！

你注意到一個現象沒有？當你「充滿自信，勇往直前」的時候，很多人、事都會主動的改變來迎合你，因為這些人與事其實存在著很大的彈性，變成這樣或變成那樣，對他們來說其實並無所謂，可是當很多這種迎合產生的時候，你的目標也就真的實現了！

也許你曾經在人來人往的候機室看過這一幕，急著趕飛機的旅客，眼睛盯著前方的登機門，以極快的速度逆向穿過人

群，而大家都好像被一股力量影響，竟然不約而同的讓出空間讓他通過。試想，如果我們都用趕飛機的信心做事，哪有不成功的道理？

知道自己要什麼，知道自己該怎麼要做，讓自己全心全意的去做，堅持自己想要的結果，讓信心帶領自己走完全程，這是所有你能夠想得出來的成功者心想事成的基本「心法」，也是後天吸引力法則（Law of Acquired Attraction）的初級應用。

信心列表

目標：
1.
2.
3.
4.
5.
6.

本書讀者可在http://omba.com.tw下載全部輔助表格

信心列表（例）

目標： 我要在2013年，擁有台北市區四十坪電梯大樓的房子
1.我一定可以做到。
2.我值得擁有一間寬闊、舒適的家。
3.我要像華德・迪士尼一樣建造我的城堡。
4.我會勇往直前，實現我的願望。
5.所有人都樂於成就我。
6.我每天都在達成我的目標。

⑤ 不是因為成功而相信，而是因為相信而成功

「信心」擁有魔法般的力量，就看你懂不懂得釋放這股龐大的能量。這一章就是要介紹一個非常棒的方法，可以讓你擁有魔法般的力量！這個魔法是從伊邁爾‧寇艾〔Emile Coue，1857-1926〕開始的，過程十分地戲劇性。

寇艾是個藥劑師，在二十世紀初非常出名。寇艾提倡「自我建議」（Auto-Suggestion）的治療技術，他認為所有建議或暗示之所以會對當事人產生效果，都是因為當事人自己堅信不移的結果。這個洞見來自他的一個顧客，這個顧客長年罹患慢性疾病，吃了很久的藥都治不好，有一天他向寇艾抱怨，他已經試過所有的藥劑，卻沒有一樣能夠治好他的病，當時寇艾靈機一動，端出一瓶珍貴藥劑，並且告訴他：「這是剛從巴黎送來最新的特效藥，你拿回去吃，一定能夠治好你的病！」這位顧客一聽寇艾這麼信心滿滿的保證，就很興奮地按照寇艾的指示用藥。幾天之後，只見這位顧客眉開眼笑的跑來寇艾的藥房，表示這真是他吃過最有效的藥，他的宿疾已經都完全好

了！

　　事實上，寇艾給這位顧客的藥劑，並不是如他所稱的「從巴黎送來最新的特效藥」，而只是一瓶普通的保養藥品，根本不可能治好這位顧客的痼疾，想不到就因為這位顧客完全相信這瓶藥劑的療效，而治好了多年的頑疾，這真是出乎寇艾的預料。

　　寇艾因此而發展出以自我建議為中心的療法，這個方法是後來「自律訓練」心理治療的濫觴。他主張利用這種自我建議的方法灌輸正面思想，透過這種正面思考技巧就可以在不知不覺中在各方面獲得改善，他所提出最有效的自我建議語句就是：

　　「每一天，在各方面，我都越來越好。」
　　"Everyday in every way, I am getting better and better."

　　只要人們每天在心中默念十次這句話，這句話就會像咒語般地產生作用。

　　寇艾集多年的經驗得到一個結論：「只要說服自己做得到，不論多麼艱鉅的任務，你就一定能夠完成。

　　反過來說，如果認為自己做不到，即便是最簡單的事，對你來說也是一座無力攀登的高峰。」

　　特別要注意的是，我們面對每一件事情總是會單獨注意到不好的、有害的、失敗的那部分，例如我們常常告誡小孩：「小心不要打破杯子喔！」結果往往話說完，小孩馬上就真的打破杯子了。其他的負向思維就像是：

　　「這件事情問題多得不得了。」

　　「錢永遠都不夠用。」

　　「萬一受傷了該怎麼辦？」

　　「我沒有辦法做好。」

　　「這樣做一定行不通。」

　　「我一定要他也嚐一嚐我的痛苦。」

　　當我們不自覺的讓自己的心念充滿負向思維，當我們不斷地與自己不要的事物對抗，就是不斷地為自己創造負面的能量與暗示，這是自己所招致的不幸。

　　記不記得前面我們說過，描述目標的重要原則之一是必須「使用正面的字眼」，目標描述中的一字一句都是有能量的，只要出現在目標描述中，就會對自己產生影響，即使是你不想要的。

⑥ 意識念力

意想不到的春聯妙用

　　在球賽中有一種「主場優勢」的現象，就是地主隊贏球的機率會比客隊高。有學者統計1971年各項職業比賽的結果，發現地主隊贏球的機率棒球是百分之五十三，橄欖球是百分之五十五，冰上曲棍球是百分之五十三。

　　「主場優勢」的主要原因是觀賽的球迷大多數是當地的民眾，球迷的加油及鼓勵等正面的訊息，無形中為地主隊帶來更強的助力。

　　相反的，當地的球迷對於不支持的客隊則給予謾罵與噓聲，當然也影響了客隊的表現。

　　《生命的答案，水知道》一書的作者日本另類醫學博士江本　勝（Masaru Emoto）先生，經過幾百次的實驗發現正面或負面的訊息會改變水的結晶，例如在兩個裝著水的玻璃杯上，分別貼上「我做得到」與「做不到」的字條，表面上看這兩杯水並沒有因為字條而產生變化，但是當進一步將這兩杯水凝結成冰，再以顯微鏡觀察其結晶，卻顯現出驚人的差異。

　　看到寫著「我做得到」字條的水結晶非常完整而且漂亮，看到寫著「做不到」字條的水結晶卻呈現一半完整一半殘缺的形狀。可見正面與負面的訊息的確會帶來完全不同的結果。

　　如果連水都有如此的靈性，更何況是素有「萬物之靈」之稱的人類？記不記得？**我們人體有百分之七十是水喔！可見意念力對我們的影響會有多大。**

　　英國赫爾大學人類憂鬱症教授歐文・基爾希有一個二十一歲名叫約翰的憂鬱個案，當時約翰因為情緒極端低落、感覺生活沒有意義，以致無法完成學業。基爾希教授的治療方式並不是給他服用藥物，而是每星期固定用兩天陪他在花園裡散步聊天。基爾希教授說：「我們的談話沒有固定的主題，只是隨意地閒聊，不過我所說的都是如何積極生活、樂觀面對挫折之類的話。」

　　半年之後，治療的結果發現，約翰的憂鬱症症狀完全消失了，並且能夠主動、積極的思考，同時也變得更有自信了。

　　基爾希教授強調：「必須給予正面的鼓勵和建議，這樣個案才會真正自信起來。」

　　俗話說：「良言一句三春暖」，阿拉伯也有一句民諺：「好話不是蜜，但比蜜甜；不是花，但比花好看。」一千多年前我們的老祖先早就深知「好話」的影響力，並且把這種作用

融入風俗習慣當中，直到今天都還在幫助我們，其中之一的例子就是過年時所貼的春聯。

過年時，家家戶戶都會用大紅色的紙，寫上吉祥話，貼在自己家的大門口，例如：

「天增歲月人增壽，春滿乾坤福滿門」
「生意興隆通四海，財源茂盛達三江」
「財如曉日騰雲起，利似春潮帶雨來」
「源運昌隆增百福，富業振興獲千祥」

最妙的是，我們每天進出家門的時候，都會不由自主的被紅色的春聯所吸引，自然在無形之中也接收了吉祥話的內容，對自己產生正面的暗示作用。

明太祖朱元璋甚至大力提倡春聯，他在金陵（現在的南京）定都以後，命令大臣、官員和一般老百姓家除夕前都必須書寫一副對聯貼在門上。春聯甚至遠傳到越南、韓國、日本、新加坡等，這些國家至今還保留著貼春聯的風俗。

這就是東方人善用「意識念力」的強效作法！所以，現在我們也要利用強化意識念力的技術，幫助大家在意識層面隨時保持正念，實現您的願望。

⑦ 強化意識念力講稿

　　下面是一篇強化意識念力講稿，這是最有效果的一篇，其中一共分爲a、b、c、d、e五段，其中的d段必須插入1.「達成目標的動機表」中的內容，以及2.「信心列表」中的內容。

　　平常有空的時候，要儘量拿強化意識念力講稿出來反覆讀誦，對自己默念或是大聲說出來都可以，一定有非常大的幫助。

強化意識念力講稿

任何時候，只要有時間就拿出來多唸幾遍：

a. 我覺得平靜————，我覺得放鬆————，我能夠完全控制我
　　自己————。我覺得平靜————，我覺得放鬆————，我能
　　夠完全控制我自己————。我很安全————，我很安心———
　　—，我正在放鬆全部肌肉，開始放鬆————。我覺得平靜——
　　——，我覺得放鬆————，我能夠完全控制我自己————。

b. 當我的肌肉放鬆，一道陽光從天上照射在我的全身，讓我整
　　個身體感覺到輕鬆和溫暖————，所有負面想法和感覺都消
　　失了，只留下正面的想法和感覺————，我覺得平靜————
　　—，我覺得放鬆————，我能夠完全控制我自己————。

c. 我的心靈現在開放地去接收我給自己的有益建議。

d 給自己的正面建議	

e. 我覺得平靜————，我覺得放鬆————，我能夠完全控制我自
　　己————。我覺得平靜————，我覺得放鬆————，我能夠完
　　全控制我自己————。

本書讀者可在http://omba.com.tw 下載全部輔助表格

　　以下是以前面買房子的例子做爲範例的強化意識念力講稿內容。

強化意識念力講稿（例）

任何時候，只要有時間就拿出來多唸幾遍：

a. 我覺得平靜————，我覺得放鬆————，我能夠完全控制我自己————。我覺得平靜————，我覺得放鬆————，我能夠完全控制我自己————。我很安全————，我很安心————，我正在放鬆全部肌肉，開始放鬆————。我覺得平靜————，我覺得放鬆————，我能夠完全控制我自己————。

b. 當我的肌肉放鬆，一道陽光從天上照射在我的全身，讓我整個身體感覺到輕鬆和溫暖————，所有負面想法和感覺都消失了，只留下正面的想法和感覺————，我覺得平靜————，我覺得放鬆————，我能夠完全控制我自己————。

c. 我的心靈現在開放地去接收我給自己的有益建議。

d 給自己的正面建議	我要在2013年，擁有台北市區四十坪電梯大樓的房子。 我可以有一個不怕風吹雨打的窩，感覺很棒。 我可以不用再忍受租房子居無定所的感覺。 我可以不用再忍時常搬家的不便，感覺很輕鬆。 我可以接父母過來住，以盡孝道，感覺很高興。 我可以讓家人相處更和樂，更有向心力，感覺很溫暖。 我有自己的房子可以讓親戚、朋友看得起，感覺很棒。 我可以自由佈置、裝潢自己的房子，感覺很自在。 我可以擁有一個屬於自己的溫暖的家，感覺很滿足。 我一定可以做到。 我值得擁有一間寬闊、舒適的家。 我要像華德‧迪士尼一樣建造我的城堡。 我會勇往直前，實現我的願望。 所有人都樂於成就我。 我每天都在達成我的目標。
e. 我覺得平靜————，我覺得放鬆————，我能夠完全控制我自己————。我覺得平靜————，我覺得放鬆————，我能夠完全控制我自己————。	

本書讀者可在http://omba.com.tw 下載全部輔助表格

⑧ 讓自己變有錢的意識念力

　　我有一個學員，他現在是一家大補習班的負責人，當他還在唸大學的時候，就懂得運用意識念力，每天給自己正面激勵，想不到生活竟然開始起了變化，後來果然順利以優異成績考上研究所，而且研究所還沒畢業，就有十家大公司寄通知函，請他畢業後去上班。

　　經過這幾年事實的驗證，他更加有信心，每天重複告訴自己：「我要變有錢人、我要變有錢人、我要變有錢人、我要變有錢人……」如此持續一段時間之後，他在任職的銀行認識一位家長，這位家長突然拜託他幫孩子補數學，剛開始的時候，一班只有六個學生，但是奇怪的事又發生了，他的學生三個月後變成二十二個，半年之後變成五十三個，一年之後暴增到一百五十個，一直到現在已經發展成一家規模龐大的補習班。

　　很顯然，**意識念力扮演著「催化劑」的角色，創造了他財富的浮現，你很可能也有像這樣的「財富潛力」，只是缺少一把正確的鑰匙來開啟財庫而已。**所以無論如何，你都應該試一試以下的方法。

單句念力法

以下句子是對自己財運很有幫助的咒語，你可以選擇其中任何一句，隨時在心中默念，或者是大聲念出來，你更可以在走路的時候，每走一步就念一個字，讓自己隨時保持在這個發財的信念中，念到一心不亂最佳。（請不要隨意更動其中的字，以確保效果。）

1.我越來越有錢。
2.我每天更有錢。
3.我是有錢人。
4.我是大富翁。

想像念力法

另外還有一種很有效的想像念力法，透過想像得到財富的情境，強化自己的財運，過程並不複雜，簡單但是有效。

方法一：財神爺賜財法

閉上眼睛，想像財神爺從天上降下許多元寶、鈔票，自己張開雙手去接，元寶、鈔票堆得滿滿都是。

方法二：送財童子法

閉上眼睛，想像土地公帶著招財童子與進寶童子，捧來無數金銀財寶到你家，堆得到處都是。

方法三：存款簿餘額法

閉上眼睛，想像自己銀行存款簿的餘額一直增加，最後停在你理想的金額上。

同樣的，除了財運之外，其他人生九面向中的事業、財富、人緣、親情、愛情、生活、身體、心理、心靈等方面，也都可以稍微改變一下來使用這些方法，真是妙不可言。

以上都是透過意識層面的「意識念力」來執行的方法，我們也可以使用「潛意識念力」來執行，「潛意識念力」會使效果會增強好倍，後續的章節一定要看。

⑨ 第一階段「每日行動計劃」

恭喜你終於進行到這一個頁次，這代表你離成功只有一步之遙！從現在開始，你已經踏上成功的坦途，每天都更接近你的目標。

每日行動計劃是方便提醒你的行動匯總，我們將從身、心、靈的層面，幫助您逐步完成計劃。

每日行動計劃

【身體的行動】
按照SWOT分析策略表中的策略與方法確實去執行。

【心理的行動】
  1. 每天至少在早上起床、下午以及晚上睡覺前，各唸一遍「強化意識念力講稿」。每天執行的次數越多越好，有空就可以拿出來唸。
  2. 每天早上出門前，看一段激勵的影片。

【心靈的行動】

⑩ 隨堂測驗
你有強大的「意識念力」嗎？

　　著名的《伊索寓言》（Aesop's Fables）有一則〈賣牛奶的女孩〉（The Milkmaid and Her Pail）的故事。

　　一個農家女孩，頂著一桶剛擠好的牛奶要去市場賣，一路上她盤算著：「賣掉牛奶的錢可以買好幾顆雞蛋，雞蛋可以孵出許多小雞，等小雞長大之後又可以賣更多的錢，這些錢就足夠買一件漂亮的新衣服，我要穿著它去參加聖誕節舞會，到時候一定會迷倒很多帥哥，而我會驕傲的搖搖頭，一個一個的拒絕。」

　　想著想著，農家女孩竟情不自禁的搖起頭來，就好像自己真的已經在聖誕節舞會一樣，享受著令人羨慕的追求，沒想到一不小心卻因此打翻了頭上那桶牛奶，也粉碎了她的美夢。

　　農家女孩既吃驚又失望的看著灑落滿地的牛奶，忍不住哭了起來。

　　胡思亂想、做白日夢和「意識念力」是截然不同的，想不想知道您是否也有「賣牛奶女孩症候群」呢？

　　以下是一段實用的測驗，可以有效測試出你「意識念力」的強度。全部題目有十二題，請依照每一個題目選擇最符合你現況的答案。

閱讀偉人的傳記常常讓你感動？

☐ 非常符合　☐ 還算符合　☐ 並不符合　☐ 非常不符合

☐ 不確定

常常對朋友談起你的夢想？

☐ 非常符合　☐ 還算符合　☐ 並不符合　☐ 非常不符合

☐ 不確定

常常做跟想做的事情有關的夢？

☐ 非常符合　☐ 還算符合　☐ 並不符合　☐ 非常不符合

☐ 不確定

會為了買一件東西找了好幾家店？

☐ 非常符合　☐ 還算符合　☐ 並不符合　☐ 非常不符合

☐ 不確定

常常惦記往後某一天要做的事？

☐ 非常符合　☐ 還算符合　☐ 並不符合　☐ 非常不符合

☐ 不確定

即使大家表示反對，你還是相信自己的想法？

☐ 非常符合 ☐ 還算符合 ☐ 並不符合 ☐ 非常不符合
☐ 不確定

多次嘗試失敗之後，還是會再換另一種方法嘗試？

☐ 非常符合 ☐ 還算符合 ☐ 並不符合 ☐ 非常不符合
☐ 不確定

事情常常像你所想的那樣發生？

☐ 非常符合 ☐ 還算符合 ☐ 並不符合 ☐ 非常不符合
☐ 不確定

對於所要做的事的細節瞭若指掌？

☐ 非常符合 ☐ 還算符合 ☐ 並不符合 ☐ 非常不符合
☐ 不確定

一週工作的時間超過六十小時？

☐ 非常符合 ☐ 還算符合 ☐ 並不符合 ☐ 非常不符合
☐ 不確定

常常工作到錯過吃飯時間？

☐ 非常符合 ☐ 還算符合 ☐ 並不符合 ☐ 非常不符合
☐ 不確定

常常把工作帶回家？

☐ 非常符合 ☐ 還算符合 ☐ 並不符合 ☐ 非常不符合
☐ 不確定

答完題目之後，請按照下列標準計算分數。

選擇「非常符合」答案者得五分。

選擇「還算符合」答案者得三分。

選擇「並不符合」答案者扣五分。

選擇「非常不符合」答案者扣三分。

選擇「不確定」答案者扣一分。

總分高於四十五分的人，具有超強的「意識念力」，很多偉人以及有成就的人都是這種類型，屬於「開創者」。

總分高於三十分的人，具有過人的「意識念力」，成功的機會比一般人還要大，屬於「實現者」。

總分低於三十分的人，「意識念力」較弱，平常不容易專注於目標的實現。

無論您是屬於哪一種類型的人，如果能再加上「潛意識念力」的幫助，將會如虎添翼，做什麼，成什麼，事無不辦！尤其是總分低於三十分的人，更是一定要學會下一章「潛意識念力」的方法。

⑪ 潛意識念力

讓你高人一等的「潛意識念力」

我們面對每一件事情，都必須知行合一，所謂「知行合一」也就是：

1. 知道要做什麼；

2. 知道怎樣做；以及

3. 確實去做。

「知行合一」就是「身心合一」，這是最基本的成功要件。我們擬定了目標、策略之後，就要效法「天行健，君子以自強不息」的精神，不怕困難，堅持信心，身體力行。很多人一事無成的癥結，其實是出現在這個地方。

更進一步，加上「意識念力」的幫助，我們更可以在有形無形之間，獲得意想不到結果。

然而，即便如此，我們也發現在很多情形下，還是會出現心有餘力不足，無法達成目標的現象！到底問題是出在哪裡呢？

問題就是出在「潛意識」！

在沒有光害的夜空中，我們一抬頭就可以看見如鑽石般璀璨的滿天繁星，但是一旦到了白天，我們抬頭只看到湛藍的天空，看不見滿天繁星，難道星星也像太陽一樣下山回家了嗎？其實白天的天空中一樣滿佈繁星，只是因爲陽光太強，遮掩了星星的光芒，以致於我們看不到而已。其中，陽光就是意識，星光就是潛意識。

潛意識雖然很難被察覺，好像根本不存在，可是影響我們的層面卻是很大、很廣。

從這一章開始，就像阿姆斯壯代表人類踏上月球的第一步，開啓一個跨時代的新紀元一樣，大成功法則也將要帶領大家，攤開無限大的人生地圖，進行個人成長的探險之旅，深入未被開發的心靈處女地。

首先，我們必須探討的是身、心、靈的第三部分，也就是心靈、潛意識信念。

什麼是潛意識呢？與意識又有何不同呢？

佛洛依德的「冰山理論」可以大致說明這種情形。

向佛洛依德借冰山

佛洛依德（Sigmund Freud, 1856-1939）是對後世影響非常深遠的精神分析學家，他在1895年與約瑟夫‧布魯爾（Josef Breuer, 1842-1925）醫師一起合著《歇斯底里研究》一書，首度發表了著名的「冰山理論」。

佛洛依德把人的心靈視爲一座冰山，浮在海平面上的冰山部分，代表「意識」（conscious experience）層面，只佔整座冰山的百分之十。

10%
意識

90%
潛意識

冰山理論
佛洛依德(Sigmund Freud, 1856-1939)

另外百分之九十的冰山卻是沉沒在海平面之下，我們無法看見也察覺不到，但是它卻確實存在，這也是造成鐵達尼號（TITANIC）沉船的原因，這個部分就是「潛意識」（unconscious）層面。

　　第二個用來說明意識與潛意識的例子，好比我們在一間伸手不見五指的房間，黑暗的房間就是潛意識，當我們拿著手電筒照亮房間的一隅，我們就可以看見房間內的物品，這個被手電筒照亮的一隅就是意識。

　　意識是指當下我們的認知層面，潛意識是我們當下沒有認知到的自身的活動，我們的心靈只有百分之十可以被意識到，另外的百分之九十卻意識不到。我們每天所覺知到的自己，只是自己的一小部分，我們有百分之九十的心靈活動意識不到，意識無法察覺自然也無從抗拒，只能遵照潛意識作用來行事。潛意識作用就好像是做菜的種種食材，沒有受過訓練的意識作用只會根據這些現有的食材來做菜。

　　大家最熟悉的例子就是舞台催眠秀了，催眠師將表演者催眠到最深的催眠深度之後，再對潛意識下達表演的指令，例如：「當超人音樂響起的時候，你就會變成超人。」接著再讓表演者睜開眼睛，看起來像是正常人一樣，但仍舊保持在很深的催眠深度中，這時候擴音器突然響起超人的音樂，被催眠的表演者一聽到音樂，馬上就變成無敵超人。

　　這就是潛意識的強大威力。想一想，如果你能使用這種技術來幫助你成功，將會有多大的效果！

　　其實，在每天的日常生活中，**潛意識中的資料無時無刻不在影響我們的信念、思想、情緒與行為，只是我們不知道罷**了，我們以為從早上醒來到晚上睡覺之間，所有事情都是我們理智下的作為，事實的真相卻是：「其中有大部分都是受到潛意識的左右而不自知」，這就是所謂的「無明」！就像是剛才提到的舞台催眠秀的表演者，在超人的音樂響起的時候，自己會莫名其妙變成無敵超人一樣。

⑫ 在雪地過夜不用蓋棉被？

另外我們還要舉一個很有趣的例子。

知名的探索頻道（Discovery Channel）曾經採訪過一群正要長途步行到另一座寺廟的西藏喇嘛，路程需要許多天才能到達。然而冰天雪地的西藏，並不像現代都市有飯店得以投宿，所以晚上喇嘛們勢必需要露宿在天寒地凍的野外。

有誰可以在零下十度的氣溫下，露宿野外而不會被凍死呢？這些喇嘛就做到了。

他們選擇在不會被大雪覆蓋的岩石下，以跪臥的姿勢減少熱量散失，再在背部披上一條毛毯，覆蓋自己全身。最重要的是他們開始冥想體溫上升，讓體溫上升的念力與潛意識接軌，潛意識就會開始改變人的心理以及身體狀態，升高體溫轉變為實際的生理作用，結果隔天早晨只見喇嘛們若無其事地站起身子，拍拍身上的積雪，又展開艱辛的路程。

有些意念的成分是意識狀態的「想法」，也就是「意識念力」，這是人類行為最常見的動力，它的特色是「不容易保持常態，非常容易動搖、消失」，以致於無法幫助我們達成比較

長期與重大的目標。

有些意念的成分是潛意識狀態的活動，也就是「潛意識念力」，這是產生人類思想、行為模式的根本動力，它的特色是「恆常不變，甚至可以經歷無限時空，尋求自己的實現」，潛意識是能量最強大的資源，只可惜我們每天都在浪費它。

意識念力的特色
「不容易保持常態，非常容易動搖、消失」
潛意識念力的特色
「恆常不變，甚至可以經歷無限時空，尋求自己的實現」

那麼我們應該如何善用這個原理呢？

試想，如果我們將正面的、有幫助的想法變成是潛意識的指令，在意識層面上我們是不是就會毫不遲疑的接受它，並開始立竿見影產生有益的影響？

這個做法跟前章在意識層面透過不斷重覆強化意識念力講稿來強化自己的方式不同。

強化意識念力講稿是讓自己在生活中把握空檔，隨時拿出來誦唸，在意識層面透過不斷重覆其內容，可以讓我們的想法

隨時保持在正面、有益的狀態，進而採取積極有效的行為，而且，久而久之，一樣可以成為潛意識的一部分。

不過，由於我們在意識狀態下，還是會有許多雜念干擾，以致於心猿意馬，無法形成強大的動力，可是一旦我們將我們想要的幫助直接變成潛意識的一部分，就排除了意識層面的干擾，直接轉成強而有力的作用。

前面幾章我們已經進行了身與心方面的調整，現在我們要從潛意識的角度切入，達成身、心、靈合一的狀態。如何達成身、心、靈合一的狀態呢？最有效的方法就是使用OMBA®全能身心管理學的「全能開發」技術。

「OMBA®全能開發」是比西方的催眠術還要先進的技術，其中的「四核心・五模式」技術，可以讓人在自主清醒的情況下，深入潛意識，產生超越感官的能力，應用在自我激勵、自我成長上、教育學習、身心療癒、前世回溯上，可以幫助每一個人創造更好的生活、工作與學習成果，是一種十分進化的技術，人人都可以學習。

下一章我們就要使用「OMBA®全能開發」技術，讓自己能夠利用短短的十分鐘進入潛意識，將要給自己的建議快速變成威力強大潛意識指令，並且立即產生效果。

⑬ OMBA®自我全能開發＋發願法

利用錄音筆把下面的內容錄下來，當你有十分鐘空檔的時間，就可以找一個不受打擾的地方以及舒服的姿勢，一邊聽錄音內容一邊進行潛意識的強化，你將會發現它會迅速產生效果，讓一切更事半功倍。

本書讀者也可以輸入讀者帳號、密碼在網站http://omba.com.tw/下載下面這段「OMBA®自我全能開發＋發願法」的MP3錄音以及其他的「OMBA®自我全能開發＋發願法」MP3。

◎自我放鬆

開始進行緩慢的深呼吸，

在吐氣時候，讓自己感覺到頭皮開始放鬆，

有必要的話，多進行幾次這樣緩慢的深呼吸，

直到頭皮真正放鬆下來。

當感覺到頭皮放鬆之後，

就可以改變放鬆的部位，

這次要放鬆頭腦，

在每次吐氣時候，讓自己感覺到頭腦開始放鬆，

多進行幾次這樣緩慢的深呼吸，

直到頭腦真正放鬆下來。

當感覺到頭腦放鬆之後，

就可以改變放鬆的部位，

這次要放鬆下巴，

在每次吐氣時候，讓自己感覺到下巴開始放鬆，牙齒
不要咬合。

多進行幾次這樣緩慢的深呼吸，

直到下巴真正放鬆下來。

當感覺到下巴放鬆之後，

就可以改變放鬆的部位，

這次要放鬆肩膀，

在每次吐氣時候，讓自己感覺到肩膀開始放鬆。

多進行幾次這樣緩慢的深呼吸，

直到肩膀真正放鬆下來。

當感覺到肩膀放鬆之後，
就可以改變放鬆的部位，
這次要放鬆手臂，
在每次吐氣時候，讓自己感覺到手臂開始放鬆。
多進行幾次這樣緩慢的深呼吸，
直到手臂真正放鬆下來。

當感覺到手臂放鬆之後，
就可以改變放鬆的部位，
這次要放鬆胸部，
在每次吐氣時候，讓自己感覺到胸部開始放鬆。
多進行幾次這樣緩慢的深呼吸，
直到胸部真正放鬆下來。

當感覺到胸部放鬆之後，
就可以改變放鬆的部位，
這次要放鬆腹部，
在每次吐氣時候，讓自己感覺到腹部開始放鬆。

多進行幾次這樣緩慢的深呼吸，

直到腹部真正放鬆下來。

當感覺到腹部放鬆之後，

就可以改變放鬆的部位，

這次要放鬆大腿，

在每次吐氣時候，讓自己感覺到大腿開始放鬆。

多進行幾次這樣緩慢的深呼吸，

直到大腿真正放鬆下來。

當感覺到大腿放鬆之後，

就可以改變放鬆的部位，

這次要放鬆小腿，

在每次吐氣時候，讓自己感覺到小腿開始放鬆。

多進行幾次這樣緩慢的深呼吸，

直到小腿真正放鬆下來。

當感覺到小腿放鬆之後，

就可以改變放鬆的部位，

這次要放鬆腳趾頭，

在每次吐氣時候，讓自己感覺到腳趾頭開始放鬆。
多進行幾次這樣緩慢的深呼吸，
直到腳趾頭真正放鬆下來。

◎自我發願，請插入1.「達成目標的動機表」中的內容

我要在2013年，擁有台北市區四十坪電梯大樓的房子。

我可以有一個不怕風吹雨打的窩，感覺很棒。

我可以不用再忍受租房子居無定所的感覺。

我可以不用再忍時常搬家的不便，感覺很輕鬆。

我可以接父母過來住，以盡孝道，感覺很高興。

我可以讓家人相處更和樂，更有向心力，感覺很溫暖。

我有自己的房子可以讓親戚、朋友看得起，感覺很棒。

我可以自由佈置、裝潢自己的房子，感覺很自在。

我可以擁有一個屬於自己的溫暖的家，感覺很滿足。

◎自我發願，請插入2.「信心列表」中的內容

我要在2013年，擁有台北市區四十坪電梯大樓的房子。

1. 我一定可以做到。

2. 我值得擁有一間寬闊、舒適的家。

3. 我要像華德·迪士尼一樣建造我的城堡。

4. 我會勇往直前，實現我的願望。

5. 所有人都樂於成就我。

6. 我每天都在達成我的目標。

◎自我喚醒

等一下我會從1數到5，

每數一個數目字都會讓我更加的清醒，

並且覺得精神充沛、充滿自信。

1———逐漸清醒，感覺很好。

2———更加清醒，覺得非常愉快。

3———覺得精神充沛、充滿自信。

4———接近完全清醒，充滿活力。

5———完全清醒，繼續加油。

⑭ 第二階段「每日行動計劃」

每日行動計劃

【身體的行動】

按照SWOT分析策略表中的策略與方法確實去執行。

【心理的行動】

1. 每天至少在早上起床、下午以及晚上睡覺前，各唸一遍「強化意識念力講稿」。每天執行的次數越多越好，有空就可以拿出來唸。

2. 每天早上出門前，看一段激勵的影片。

【心靈的行動】

利用十分鐘完全的空檔，進行「OMBA®自我全能開發＋發願法」，多多益善。

⑮ 打造黃金般的目標圖像

在潛意識中給予正面的建議，是強化我們積極信念最有效的方式。除此之外，給予潛意識一個欲達成的目標圖像，並且設定成「已經發生」的狀態，潛意識也會立即幫助我們達成目標，這是很重要的觀念與技術。

在這一章中，**我們就要透過各種情境要素，為目標進行實質的強化，讓最終目標變成生動、令人堅信不移的潛意識信念。**

我們先前所設定的目標在形式上還是一段文字陳述，讓它變得更有實現能量的方法，就是把它轉變為具體的目標圖像，圖像是最強而有力的工具，我們在後續的章節中，還要具體的將這個目標圖像轉變成潛意識的內部資料。

那麼，構成目標圖像的畫面有哪些要素？

請參考人、事、時、地、物以及色彩、聲音、香味、味道、觸感、感覺等面向來發想。

「人」是指目標圖像裡有哪些人？

「事」是指目標圖像裡正在進行什麼事？

「時」是指目標圖像在什麼時間進行？

「地」是指目標圖像在什麼地點？

「物」是指目標圖像裡有哪些物品？

「色彩」原先泛指可見的種種物質現象，這裡特別偏重物質現象的色彩、明暗、形狀等。

「聲音」是指目標圖像裡可以聽到什麼聲音？

「香味」是指目標圖像裡可以聞到什麼氣味？

「味道」是指目標圖像裡可以嚐到什麼味道？

「觸感」是指目標圖像裡可以摸到什麼觸感？

「感覺」是指目標圖像讓你產生什麼感覺？

例如前例：

「我要在2013年，擁有台北市區四十坪電梯大樓
的房子。」

我們可以根據已經實現目標的狀況來勾勒目標圖像，並找出構成目標圖像的要素。譬如，設想五年之後已經買了房子，在屋子裡慶祝生日的情景。一面想像生日宴會中的細節，並且分別從人、事、時、地、物以及色彩、聲音、香味、味道、觸感、感覺等面向一一記錄在「構成目標圖像的要素表」中。

當我們在記錄的同時，其實腦海中就已經有一個實際畫面被勾勒出來，通常我們都會忽略它，但是這次我們要把這個腦

海當中的想像畫面畫出來，如果擔心自己沒有畫畫的天分，大略地畫出草圖、示意圖也可以，這個動作的目的是要讓自己對這個目標圖像更有概念，方便我們稍後能夠快速地將這個目標圖像轉變成潛意識的內部資料。

構成目標圖像的要素表（例）

目標	我要在2013年，擁有台北市區四十坪電梯大樓的房子。
人	父親、母親、自己、朋友
事	32歲生日派對
時	生日、晚間

地	屋內
物	生日蛋糕、蠟燭、新傢俱、裝潢
色彩	米黃色的燈光、光鮮亮麗的服飾、鮮艷的傢俱、裝潢
聲音	音樂、生日快樂歌、歡笑聲
香味	蛋糕香味、水果香味、雞尾酒香味、新裝潢的氣味
味道	蛋糕的味道、水果的味道、雞尾酒的味道
觸感	地毯的觸覺、沙發的觸覺、切蛋糕的觸覺、餐桌的觸覺
感覺	我覺得很溫馨、很快樂、很有安全感、成就感

構成目標圖像的要素表

目標	
人	
事	
時	
地	
物	

色彩	
聲音	
香味	
味道	
觸感	
感覺	

本書讀者可在http://omba.com.tw下載全部輔助表格

畫出你的目標圖像

本書讀者可在http://omba.com.tw下載全部輔助表格

⑯ 將目標圖像與宇宙能量結合

　　萬事俱備，只欠東風，現在我們要進行的是最重要的關鍵步驟。

　　勾勒出具體的目標圖像之後，我們只要將這個目標圖像的種子種在潛意識的肥沃土壤中，這個最終目標就將開始生根發芽、長成大樹，實現我們的願望。所以在這個步驟中，我們要提升自己的心靈能量，用自己所描述的目標圖像與潛意識結合。

　　以下是一段利用「OMBA®全能開發」技術的有效的練習，透過這個練習可以提升自己的心靈能量，將先前勾勒的目標圖像轉變成潛意識的經驗，從潛意識層面來實現願望，一旦**目標圖像成為潛意識的一部分，潛意識就會一天24小時、一年365天，天天不打烊的動用整個宇宙的能量努力實現目標，成功就指日可待**。這種做法可以說是後天吸引力法則的終極加強版。

OMBA®潛意識目標圖像設定法

　　找一個清靜、不會被打擾的地方，讓自己保持非常舒適的姿勢，閉上眼睛，讓自己既專注又放鬆的進行下面的「OMBA®自我全能開發法」。如果有必要，你一樣可以用錄音筆把全部內容錄下來，幫助自己一面聽一面進行。

　　本書讀者也可以輸入讀者帳號、密碼在網站http://omba.com.tw/下載下面這段「OMBA®潛意識目標圖像設定法」的MP3錄音以及其他的MP3。

　　開始進行緩慢的深呼吸，
　　在吐氣時候，讓自己感覺到頭皮開始放鬆，
　　有必要的話，多進行幾次這樣緩慢的深呼吸，
　　直到頭皮真正放鬆下來。

　　當感覺到頭皮放鬆之後，
　　就可以改變放鬆的部位，
　　這次要放鬆頭腦，
　　在每次吐氣時候，讓自己感覺到頭腦開始放鬆，
　　多進行幾次這樣緩慢的深呼吸，

直到頭腦真正放鬆下來。

當感覺到頭腦放鬆之後，
就可以改變放鬆的部位，
這次要放鬆下巴，
在每次吐氣時候，讓自己感覺到下巴開始放鬆，牙齒
不要咬合。
多進行幾次這樣緩慢的深呼吸，
直到下巴真正放鬆下來。

當感覺到下巴放鬆之後，
就可以改變放鬆的部位，
這次要放鬆肩膀，
在每次吐氣時候，讓自己感覺到肩膀開始放鬆。
多進行幾次這樣緩慢的深呼吸，
直到肩膀真正放鬆下來。

當感覺到肩膀放鬆之後，
就可以改變放鬆的部位，
這次要放鬆手臂，
在每次吐氣時候，讓自己感覺到手臂開始放鬆。

多進行幾次這樣緩慢的深呼吸，
直到手臂真正放鬆下來。

當感覺到手臂放鬆之後，
就可以改變放鬆的部位，
這次要放鬆胸部，
在每次吐氣時候，讓自己感覺到胸部開始放鬆。
多進行幾次這樣緩慢的深呼吸，
直到胸部真正放鬆下來。

當感覺到胸部放鬆之後，
就可以改變放鬆的部位，
這次要放鬆腹部，
在每次吐氣時候，讓自己感覺到腹部開始放鬆。
多進行幾次這樣緩慢的深呼吸，
直到腹部真正放鬆下來。

當感覺到腹部放鬆之後，
就可以改變放鬆的部位，

這次要放鬆大腿，
在每次吐氣時候，讓自己感覺到大腿開始放鬆。
多進行幾次這樣緩慢的深呼吸，
直到大腿真正放鬆下來。

當感覺到大腿放鬆之後，
就可以改變放鬆的部位，
這次要放鬆小腿，
在每次吐氣時候，讓自己感覺到小腿開始放鬆。
多進行幾次這樣緩慢的深呼吸，
直到小腿真正放鬆下來。

當感覺到小腿放鬆之後，
就可以改變放鬆的部位，
這次要放鬆腳趾頭，
在每次吐氣時候，讓自己感覺到腳趾頭開始放鬆。
多進行幾次這樣緩慢的深呼吸，
直到腳趾頭真正放鬆下來。

現在你已經放鬆了全身的肌肉，放鬆肌肉有助於讓你將專注力集中在等一下要進行的項目上，也會讓潛意識的作用更加有效。接下來，請繼續進行下面的動作。

持續進行緩慢的深呼吸，
當準備好的時候，
想像吸氣的時候吸進紅色的光，
吐氣的時候吐出紅色的光，
持續反覆進行至少十次這個動作。

持續進行緩慢的深呼吸，
當準備好的時候，
改變光的顏色，
想像吸氣的時候吸進橙色的光，
吐氣的時候吐出橙色的光，
持續反覆進行至少十次這個動作。

持續進行緩慢的深呼吸，
當準備好的時候，
改變光的顏色，

想像吸氣的時候吸進黃色的光，
吐氣的時候吐出黃色的光，
持續反覆進行至少十次這個動作。

持續進行緩慢的深呼吸，
當準備好的時候，
改變光的顏色，
想像吸氣的時候吸進綠色的光，
吐氣的時候吐出綠色的光，
持續反覆進行至少十次這個動作。

持續進行緩慢的深呼吸，
當準備好的時候，
改變光的顏色，
想像吸氣的時候吸進藍色的光，
吐氣的時候吐出藍色的光，
持續反覆進行至少十次這個動作。

持續進行緩慢的深呼吸，
當準備好的時候，

改變光的顏色，

想像吸氣的時候吸進靛色的光，

吐氣的時候吐出靛色的光，

持續反覆進行至少十次這個動作。

持續進行緩慢的深呼吸，

當準備好的時候，

改變光的顏色，

想像吸氣的時候吸進紫色的光，

吐氣的時候吐出紫色的光，

持續反覆進行至少十次這個動作。

　　經過前面簡單的「OMBA®自我全能開發」練習，大部分人應該已經將心靈能量提升到可以開始看見內在的心像的能力，也就是閉著眼睛仍舊可以看見影像的能力，這就代表啟動了潛意識的心靈能量，這是一種先天的能力，全能狀態就是一種神通狀態，可以幫助我們成就一切願望。

　　當然，第一次進行時也許有人還達不到這種程度，這也是正常的，畢竟大家的條件都不一樣，不過不用擔心，只要持之以恆的多加練習，就一定能抓到竅門，擁有這種能力，

「OMBA®全能開發」具有模組化的特色，可以組合出無數多種方法，變化無窮，或者你也可以嘗試「OMBA®全能開發」的其它方法，提升自己的心靈能量，你一定可以找到最適合你自己的方法喔！

不管你能不能出現內在心像，都請繼續進行下面的「潛意識目標圖像設定法」。如果你還未能出現內在心像的話，請用想像的方式也可以。

回想先前所畫的目標圖像，並且在腦海當中勾勒出來，就像已經真正發生了那樣，畫面越詳細越好，越清楚越好，動態比靜態好，彩色比黑白好，起初先像是在看電影那樣，看著畫面中自己成功的樣子，然後，更進一步讓自己融入到畫面中，就好像自己正在親身經歷那般的真實，回想先前寫下的「構成目標圖像的要素」，人、事、時、地、物、色彩、聲音、香味、味道、觸感、感覺，讓自己感受越強烈效果就越好。

繼續以買房子為例，以下是自我發願的內容：

我已經擁有在台北市區四十坪電梯大樓的房子。
我已經擁有在台北市區四十坪電梯大樓的房子。
我已經擁有在台北市區四十坪電梯大樓的房子。
我跟我的父親、母親還有許多要好的朋友，在我新買

的房子舉辦慶祝我32歲的生日派對，大家在下班之後，換好漂亮的服裝，陸續來到我家。

屋內米黃色的燈光、亮麗的新傢俱與裝潢，搭配柔軟的地毯與深色牛皮沙發顯得格外的溫馨。

三層的生日蛋糕、蛋糕上的蠟燭，還有大家的歡笑聲伴隨生日快樂歌，充滿了人世間難得的歡樂。

我接受大家的祝福，並且幫大家切蛋糕、切水果，空氣中洋溢著蛋糕、水果與雞尾酒的香味，大家一面品嚐佳餚一面聊天，我覺得很快樂、很有安全感也很有成就感。

我終於實現了買房子的願望。

我終於實現了買房子的願望。

我終於實現了買房子的願望。

花一點時間在腦海中去營造目標圖像，讓自己充分體驗目標實現後的種種感覺，就像是你已經成功實現了目標，讓它變成是潛意識的一部分。讓自己在潛意識的全能狀態中，達成身、心、靈合一的目的，讓身、心、靈方向一致，可以幫助我們比一般人更快達成目標。

持續一段時間之後，可以讓自己自然的睡著，或者是把自己喚醒。

等一下我會從1數到5，

每數一個數目字都會讓我更加的清醒，

並且覺得精神充沛、充滿自信。

1———逐漸清醒，感覺很好。

2———更加清醒，覺得非常愉快。

3———覺得精神充沛、充滿自信。

4———接近完全清醒，充滿活力。

5———完全清醒，繼續加油。

這時你已經成功的把目標圖像變成人生劇本的一部分，依照你所設定的目標大小，也許明天，也許一段時日之後，你會驚訝的發現——真的美夢成真了！

關於這一步驟，我們還可以引用NLP（神經語言程式學）的「表象系統」來取代，我們將在下一章詳細說明。

⑰ 風靡全球的NLP

什麼是NLP？

NLP（Neuro-Linguistic Programming）神經語言程式學，也叫做身心語言程式學，是1970年由約翰・葛瑞德（John Grinder）及理查・班德勒（Richard Bandler）兩位博士整合家族治療大師維琴尼亞・薩提爾（Virginia Satir）、完形治療大師弗瑞茲・皮爾斯（Fritz Perce）、催眠大師米爾頓・艾瑞克森（Milton Erickson）、溝通大師葛瑞利・貝特生（Gregory Bateson）等四位大師之精華所發展出來的專業學術。

NLP是透過心智及語言，重組人體大腦神經系統內的訊息，去改變一個人的思想與行為，增加我們的選擇性而不再自我侷限，從而達到所設定的目標，是自我成長與公司經營的最佳方法。

會說實話的眼睛

　　NLP提出表象系統（Representational System），認為每一個人都具有視覺、聽覺、嗅覺、味覺、觸覺等五種感知系統，我們用這五種感官去接觸世界，也藉著它們表現出個人的內在狀態。其中，眼睛移動的方式是一種很可靠的線索，眼睛很自然的移動時，會接觸到大腦的內感官神經，從而啟動我們思想及內在表像系統，在和人溝通時，我們可以根據下圖的眼睛解碼法 （Eye Accessing Cues），從觀察對方眼睛移動方式來了解對方的狀態。

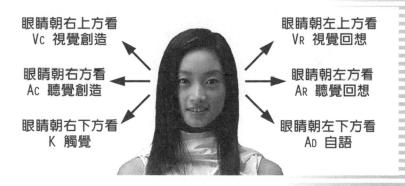

眼睛朝右上方看　　　　　　　　眼睛朝左上方看
V_c 視覺創造　　　　　　　　　　　V_R 視覺回想

眼睛朝右方看　　　　　　　　　眼睛朝左方看
A_c 聽覺創造　　　　　　　　　　　A_R 聽覺回想

眼睛朝右下方看　　　　　　　　眼睛朝左下方看
K 觸覺　　　　　　　　　　　　　A_D 自語

　　上圖是一位慣用右手的人，如果在面對面溝通時，對方眼睛朝他的右上方看（V_c）代表在進行「視覺創造」。

對方眼睛朝他的左上方看（V_R）代表在進行「視覺回想」。

對方眼睛朝他的右方看（A_C）代表在進行「聽覺創造」。

對方眼睛朝他的左方看（A_R）代表在進行「聽覺回想」。

對方眼睛朝他的右下方看（K）代表在進行「觸覺」。

對方眼睛朝他的左下方看（A_D）代表在進行「自語」（思考）。

什麼叫做「創造」？什麼叫做「回想」呢？

譬如說，有一天先生三更半夜才回到家，一看客廳的電燈已經熄滅了，正暗自慶幸準備躡手躡腳的回房時，孰料突然燈火通明，原來是太太並沒有在房間睡覺，一直在大廳等先生回家。通常太太一定會很生氣的問先生：「你到底跑到哪裡去了，怎麼這麼晚才回來？」話問完，這時太太就要仔細的端詳先生的眼睛，如果他的眼睛往左上方看了一下才回答太太，那就表示他正在做視覺的回想，也就是正在努力回想今天晚上的行程來告訴老婆。萬一他的眼睛往右上方看了一下才回答太太，那就表示他正在做視覺的創造，也就是正在編故事準備欺瞞老婆。

NLP潛意識目標圖像設定法

我們如何應用NLP眼睛解碼法來幫助我們進行潛意識目標圖像設定呢？

讓我們動一動腦筋想想，「創造」是無中生有，「回想」代表事情已經發生，既然眼睛朝右上方看代表在進行「視覺創造」，眼睛朝右方看代表在進行「聽覺創造」，那麼我們為什麼不先用這個方法創造出我們的目標圖像，完成之後再將眼睛朝左上方看進行「視覺回想」，再朝左方看進行「聽覺回想」，一旦目標圖像可以被正確、真實的回想的時候，不就代表目標已經在某個時空達成了嗎？

基於這個原理，我們這裡要用先前的OMBA®全能開發的「自我全能開發法」搭配「眼睛解碼法」，來進行「NLP潛意識目標圖像設定法」。

本書讀者也可以輸入讀者帳號、密碼在網站http://omba.com.tw/下載下面這段「NLP潛意識目標圖像設定法」的MP3錄音以及其他的MP3。

開始進行緩慢的深呼吸，
在吐氣時候，讓自己感覺到頭皮開始放鬆，
有必要的話，多進行幾次這樣緩慢的深呼吸，
直到頭皮真正放鬆下來。

當感覺到頭皮放鬆之後，
就可以改變放鬆的部位，
這次要放鬆頭腦，
在每次吐氣時候，讓自己感覺到頭腦開始放鬆，
多進行幾次這樣緩慢的深呼吸，
直到頭腦真正放鬆下來。

當感覺到頭腦放鬆之後，
就可以改變放鬆的部位，
這次要放鬆下巴，
在每次吐氣時候，讓自己感覺到下巴開始放鬆，牙齒
不要咬合。
多進行幾次這樣緩慢的深呼吸，
直到下巴真正放鬆下來。

當感覺到下巴放鬆之後，
就可以改變放鬆的部位，
這次要放鬆肩膀，
在每次吐氣時候，讓自己感覺到肩膀開始放鬆。
多進行幾次這樣緩慢的深呼吸，
直到肩膀真正放鬆下來。

當感覺到肩膀放鬆之後，
就可以改變放鬆的部位，
這次要放鬆手臂，
在每次吐氣時候，讓自己感覺到手臂開始放鬆。
多進行幾次這樣緩慢的深呼吸，
直到手臂真正放鬆下來。

當感覺到手臂放鬆之後，
就可以改變放鬆的部位，
這次要放鬆胸部，
在每次吐氣時候，讓自己感覺到胸部開始放鬆。
多進行幾次這樣緩慢的深呼吸，

直到胸部真正放鬆下來。

當感覺到胸部放鬆之後，
就可以改變放鬆的部位，
這次要放鬆腹部，
在每次吐氣時候，讓自己感覺到腹部開始放鬆。
多進行幾次這樣緩慢的深呼吸，
直到腹部真正放鬆下來。

當感覺到腹部放鬆之後，
就可以改變放鬆的部位，
這次要放鬆大腿，
在每次吐氣時候，讓自己感覺到大腿開始放鬆。
多進行幾次這樣緩慢的深呼吸，
直到大腿真正放鬆下來。
當感覺到大腿放鬆之後，
就可以改變放鬆的部位，
這次要放鬆小腿，
在每次吐氣時候，讓自己感覺到小腿開始放鬆。
多進行幾次這樣緩慢的深呼吸，

直到小腿真正放鬆下來。

當感覺到小腿放鬆之後，
就可以改變放鬆的部位，
這次要放鬆腳趾頭，
在每次吐氣時候，讓自己感覺到腳趾頭開始放鬆。
多進行幾次這樣緩慢的深呼吸，
直到腳趾頭真正放鬆下來。

持續進行緩慢的深呼吸，
當準備好的時候，
想像吸氣的時候吸進紅色的光，
吐氣的時候吐出紅色的光，
持續反覆進行至少十次這個動作。
持續進行緩慢的深呼吸，
當準備好的時候，
改變光的顏色，
想像吸氣的時候吸進橙色的光，
吐氣的時候吐出橙色的光，

持續反覆進行至少十次這個動作。

持續進行緩慢的深呼吸，
當準備好的時候，
改變光的顏色，
想像吸氣的時候吸進黃色的光，
吐氣的時候吐出黃色的光，
持續反覆進行至少十次這個動作。

持續進行緩慢的深呼吸，
當準備好的時候，
改變光的顏色，
想像吸氣的時候吸進綠色的光，
吐氣的時候吐出綠色的光，
持續反覆進行至少十次這個動作。
持續進行緩慢的深呼吸，
當準備好的時候，
改變光的顏色，
想像吸氣的時候吸進藍色的光，
吐氣的時候吐出藍色的光，

持續反覆進行至少十次這個動作。

持續進行緩慢的深呼吸，
當準備好的時候，
改變光的顏色，
想像吸氣的時候吸進靛色的光，
吐氣的時候吐出靛色的光，
持續反覆進行至少十次這個動作。

持續進行緩慢的深呼吸，
當準備好的時候，
改變光的顏色，
想像吸氣的時候吸進紫色的光，
吐氣的時候吐出紫色的光，
持續反覆進行至少十次這個動作。

現在用NLP的眼睛解碼法。

步驟一、讓自己閉著的眼睛朝右上方看，創造出目標圖像
（就是你先前畫下的那一幅圖畫）。畫面越詳
細越好，越清楚越好，動態比靜態好，彩色比
黑白好。

步驟二、等到完成具體生動的畫面之後，再轉動眼睛朝
左上方看，檢查剛才創造出來的畫面，如果可
以正確回想起來，就表示目標圖像已經完成輸
入，否則的話，請再進行步驟一，讓眼睛睛轉
向右上方，進行創造的程序。如此反覆進行，
一直到眼睛朝左上方看，可以正確回想起來為
止。

步驟三、將眼睛朝右方看，創造出目標圖像中的種種聲
音，包括話語、音樂、背景聲音等。

步驟四、完成聲音部分的創造之後，再轉動眼睛朝左方
看，檢查剛才創造出來的聲音，如果可以正確
回想起來，就表示聲音已經完成輸入，否則的
話，請再進行步驟三，讓眼睛睛轉向右方，進
行創造的程序。如此反覆進行，一直到眼睛朝
左方看，可以正確回想起來為止。

步驟五、將眼睛朝右下方看，去體驗目標圖像中種種行為
的身體感應，就像是真的在現場一樣，做為加
強。

步驟六、將眼睛朝左下方看，去體驗目標圖像中種種的心
理感覺與情緒，就像是真的身歷其境一樣，做
為加強。

完成之後就可以把自己喚醒。

等一下我會從1數到5，

每數一個數目字都會讓我更加的清醒，

並且覺得精神充沛、充滿自信。

1———逐漸清醒，感覺很好。

2———更加清醒，覺得非常愉快。

3———覺得精神充沛、充滿自信。

4———接近完全清醒，充滿活力。

5———完全清醒，繼續加油。

⑱ 第三階段「每日行動計劃」

每日行動計劃

【身體的行動】
按照SWOT分析策略表中的策略與方法確實去執行。

【心理的行動】
1. 每天至少在早上起床、下午以及晚上睡覺前，各唸一遍「強化意識念力講稿」。每天執行的次數越多越好，有空就可以拿出來唸。
2. 每天早上出門前，看一段激勵的影片。

【心靈的行動】
1. 利用十分鐘完全的空檔，請進行「OMBA®自我全能開發＋發願法」，多多益善。

2. 每天至少在早上起床以及晚上睡覺前，進行
　「OMBA®自我全能開發法」以及「OMBA®潛
　意識目標圖像設定法」或是「NLP潛意識目標
　圖像設定法」。

第四章　大富大貴篇

敬告！第四章大富大貴篇的所有章節是追加的內容，這些寶貴內容是為了那些已經準備好了的人而寫的，尤其是為了那些決心大富大貴的人而特別追加的精華。

如果你還沒有準備好，或是還沒有下定決心要大富大貴，請直接跳到書後附錄繼續閱讀，或是放下本書開始進行練習。因為如果你貿然往下閱讀，你人性中的弱點將會開始慫恿你產生猶豫、懷疑，遠離成功的大路，以致於前功盡棄。

記住，「相信」是一切的基礎。前面三章已經把所有美夢成真的祕訣告訴你了，古今中外從來沒有人能夠告訴你如此完整的內容，只要照著做，你就可以無往不利，除非——你的野心不止於此——。

再次叮嚀，除非你已經準備好，用接納的心迎接整個宇宙給你的祝福，否則請不要再往下閱讀！

① 第三個祕密：先天吸引力法則

大成功法則讓每個人成功富貴的六個祕密，只要善加使用第一個祕密以及第二個祕密，就可以幫助我們活得更好、更富有、更快樂，全面提昇工作和生活的品質與價值，它的實踐步驟也是新一代最完整的成功技術。

但是，**如果你想要鹹魚翻身、大富大貴的話，就非得要學會大成功法則的其他四個祕密。這四個祕密所揭露的是人定勝天的方法。**

豐碩的成果

話說回來，時間過得倒也真快，距離上次要大家利用「大成功法則」實現一個願望，當成是課程作業的時間，也已然一個月了，不知大夥兒成效如何？

「老師，我認真照著老師教的方法做，成功瘦了五公斤！」小Q說。

「我不是自己做，而是教我女兒方法，幫助她考試考好一點，她也的確進步很多，我跟我先生都很高興。」淑慈說。

「我打算換車，本來還缺二十萬，有一次和媽媽聊天時無意中提到，她很慷慨的幫我出這筆錢，真是太意外了。」許經理說。

「我每天都很認真地用老師的方法，希望能夠改善我跟婆婆的關係，現在我跟婆婆之間真的變得比較有共識喔！」玉秋說。

「最近工作不好找，我卻順利考到我喜歡的工作，一百個人才錄取一個。」小胡說。

「我覺得自己變得更有男性魅力了，你們感覺到了嗎？」憲哥說完，大家不免又大肆揶揄一番。

似乎大家都有不錯的收穫，**其實只要方向正確、方法正確，掌握身心靈合一的要訣，有很多事情都是可以有效掌握而且達成的。**

「請問老師，那些屬於大事件與命格的部分可以改變嗎？」劉姐向來胸懷大志，她知道她要達成的不屬於一般的事件。

「我們已經知道『目標規模的大、小』以及『目標與自己和他人的關聯度』是四個最重要的因素，你想要達成的目標規

模越大、越是與別人有關，這件事的『惰性』就會增加，在一般情形下單單使用吸引力法則力量很薄弱。

俗話說：『小富由儉，大富由天。』『小富』、『中富』的程度只要按部就班，按照大成功法則前面兩個祕密確實去做就可以達成。想要達到『大富』的程度，就要先學會我們現在要講的第三個祕密。」我說。

接著我再進一步闡釋，最精要的核心關鍵：

「其實，妳所想的事情還可以細分成四種：

原本就有，而且已經發生。

原本就有，但還沒發生。

原本沒有，經過創造而發生。

原本沒有，也沒發生。

所謂那些『原本就有』的事項，就意味著我們的人生有一幅既定的藍圖。」我故露神祕地接著說：「這幅既定的藍圖就是先天吸引力法則（Law of Innate Attraction）。」

「吸引力法則還有分先天、後天喔！」大家議論紛紛，你望著我，我望著你，莫衷一是。

② 吸引力法則完全解密

「沒錯，大成功法則把吸引力法則細分成『先天的吸引力法則』與『後天的吸引力法則』。**所謂先天吸引力法則是指『過去你的經驗、起心動念、行為，為你吸引了這些因緣在你所處的環境裡』**，它本來就是安排要去實現。

那些生下來就是億萬富翁的人，他們也沒『想』到能擁有這麼多財富！也有許多很富有的人，他們仍舊過著勤儉的生活，從外表一點也看不出他們與一般人的差別，當然更沒有整天觀想自己很有錢的樣子，其實這就是先天吸引力法則所安排，是他們過去的生命經驗所吸引來的現象。

在育嬰室服務過的護士都知道，每一個嬰兒的身體特徵、個性、習慣、反應、需求都不一樣，他們的家庭背景不同，日後的發展也都不同，這是不是代表每個人哇哇落地之時，似乎就有一個劇本在影響每一個人？

這個人生劇本的內容就是每個人過去所有經驗所吸引來的，這就是先天吸引力法則。」我說。

至於「先天吸引力法則」與「目標規模的大、小」以及

「目標與自己和他人的關聯度」等因素的關聯性,可以用「大成功法則元素象限圖」來說明。

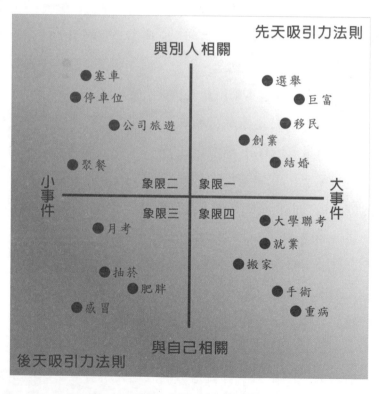

大成功法則元素象限圖

　　圖中左下角灰色代表「後天吸引力法則」的影響力，右上角白色代表「先天吸引力法則」的影響力，橫軸代表「目標規模的大、小」，縱軸代表「目標與自己和他人的關聯度」。

　　圖中象限一（右上方）的事項是與別人或外在環境（三邊關係定律）相關的大事件，像是選舉、創業、成為巨富———等等，這類事項絕大部分都與先天吸引力法則有絕對關係，後天吸引力法則的影響很小。

　　圖中象限二（左上方）的事項是與別人或外在環境相關的小事件，像是塞車、在鬧區找停車位、公司旅遊、聚餐、在某個地方認識以後會成為好朋友的陌生人———等等，這類事項除了受到後天吸引力法則的影響之外，也多少受到先天吸引力法則的影響。

　　圖中象限三（左下方）的事項是與自己相關的小事件，像是抽菸、肥胖、身體的小毛病、學校的小考試———等等，這類事項後天吸引力法則可以產生很大的影響力，不過有時候其成因與先天吸引力法則有關。

　　圖中象限四（右下方）的事項是與自己相關的大事件，像是就業、搬家、重大考試、重大疾病、手術———等等，這類事項除了受到先天吸引力法則的影響之外，也會受到後天吸引力法則的左右。

也就是說，**越往圖的左下角，後天吸引力法則的影響越大。越往圖的右上角，先天吸引力法則的影響越大。想要成就圖中象限一所屬的事項，必須從先天吸引力法則著手才會有效。**

「老師是不是認爲《心靈雞湯》的作者傑克‧坎菲爾他從出版商收到的一百萬美元版稅支票是先天吸引力法則已經設定好，後天吸引力法則則是一種加強作用。」馬德琳說。馬德琳的腦筋動得很快。

「妳可以這麼說。這個結果並不是全然是後天吸引力法則所吸引來的，我們如果不認清此一事實，就會錯失成功的機會。」我說。

我怕學員們產生宿命論的誤解，所以又從頭整理解說一遍：「不過命運是可以改變的，就像拍電影的時候，實際上往往不是按照編劇原先寫好的劇情來拍，通常會因爲導演或是演員的臨場意見而修改，甚至是即興演出，這足以說明人生實際的運作模式。

更眞切的說，人生就像是電腦程式，每個人的電腦程式語言、結構、編程都不一樣，代入不同的參數就會產生不同的值（結果）。其中，電腦程式是先天的，某些代入的參數也是先天的，這些代表了在一般的情形下，比較難變動的部分，這些

都是先天吸引力法則所造成的，這類事項從上圖的象限一往象限三遞減。

　　每個人都有一個命運的劇本在跑，這是先天吸引力法則，如果是先天已安排而且已經發生的事情，如果是好的，可以用後天吸引力法則持續它。如果是不好的，使用後天吸引力法則來改變的話，也許會產生些許效果，不過，真正的關鍵還是必須透過先天吸引力法則以及本書的技術才能有效改善。

　　如果是先天已安排但是還沒有發生的事情，如果是好的，可以用後天吸引力法則培養它。如果是不好的，還是必須從先天吸引力法則著手，當然我們還是可以使用後天吸引力法則來化解。

　　以上的事項集中在第一象限與部分的第二及第四象限。在此區域中，也存在先天吸引力法則沒有安排的事情之可能性。除此之外，先天吸引力法則比較沒有介入的範圍，集中在第三象限與部分的第二及第四象限，也就是說**圖中全部四個象限，都有可以任由我們創造與體驗的空間，這是生命最可貴之處，我把它叫做「生命無限的可能性」，在這個可能性裡，我們可以依照願望來「創造」「起始因緣」，然後整個宇宙就會自動地在未來的時空當中，幫我們一一實現**。記得要有智慧創造好的，萬一創造出不好的就需要修正它。想要在這個區域「創

造」先天沒有的願望，同樣的必須借重本書的技術來達成。我們稍後會談論到這部分的原理與技術。

當先、後天吸引力法則落實到物質世界的現實層面時，會牽扯許多客觀的外在因素，這些因素我們在後續的章節會毫不保留的揭示讓大家知道，這才是宇宙實相存在、心想事成的祕密。

使用後天吸引力法則讓心中抱持著「目標圖像」，再配合先天吸引力法則的修正，就可以改變這些已成型的客觀條件，這就是『大成功法則』神妙之處，大成功法則有方法可以修改先天吸引力法則所吸引的要素。」我笑著說。

「我們在稍後所講的內容，是想要得到大成功，就一定要知道的最終極祕訣。」我進一步補充。

③ 獻給您六把開啓宇宙祝福的金鑰

　　心想事成是一們很「科學」的技術，只是改變過程中的參數太多，而且很多都超過目前科學能夠研究的範圍，所以似乎是一種很形而上、很見仁見智的學問。

　　其實我們要做的只是「認清宇宙實相」而已，而宇宙實相就存在在我們自身與四周，一切都那麼自然，而且很多東方古老的智慧也多所「暗示」，可惜我們都因為太輕忽宇宙示現的線索、太崇拜商業包裝下的心靈產品，以致於人云亦云、不得其門而入。

　　如果說有什麼讓人快速了解其中奧妙的捷徑的話，首推現在要獻給各位的這六把開啓宇宙祝福的金鑰。

　　第一把金鑰：「時間」就是「因果」。

　　我們生活在地球上，礙於身體感官只能接收到當下的訊息，所以必然產生現在、過去與未來的「時間感」。

　　想想看，如果你能夠同時接收過去、現在與未來的訊息，是不是時間就消失了？

有時間的概念就有因果的作用，「因果就是時間」。

第二把金鑰：有作用力必有反作用力。

重要的是宇宙的遊戲規則：「作用力與反作用力」，種什麼因就會得什麼果。

第三把金鑰：一切「因」，藉由宏觀的時空尋求適當助「緣」，以達成「果」。

上述所說的過去與未來，並不限於現在這個身體所處的時空。現在這個身體所處的時空「之前」所產生的因，可能會在這個時空產生果；現在這個時空所種的因，可能會在現在這個身體所處的時空「之後」產生果，這就是因果輪迴的現象。

第四把金鑰：過去、現在、未來同時存在，可以彼此改變。

愛因斯坦也證實「時間」是一個不存在的假象，過去、現在與未來是同時存在的。既然「過去」沒有消失，「未來」已經存在，彼此就能夠透過特定的方法互相影響，改變因果關係產生的現象。

第五把金鑰：凡走過必留下痕跡。

過去、現在與未來同時存在的現象也表示：我們身（行動）、口（語言）、意（思想）的作用會被忠實記錄下來，凡走過必留下痕跡。

　　第六把金鑰：生命一切現象都是自己「創造」出來「體驗」與「學習」的過程。

　　所以，生命中的一切現象都是自己創造出來「體驗」與「學習」的過程。自己的思想、語言、行動和別人、環境的互動關係，會依照這些規則，不斷循環發生。

　　這六把金鑰才是宇宙運作的全貌，想要吸引你想要的一切，就必須善用這六把金鑰，並不是像一般人想的那麼粗淺。

　　現在我們獲得了這六把金鑰，就有更多、更有效的方法借力使力，運用整個宇宙的能量幫助你隨心所欲、心想事成。

　　我們才是主宰自己吉凶禍福的根本，「命運是我們自己創造的，天地只賦予我們生命，並不主宰我們的命運」，我們的人生是自己編寫的劇本，我們一方面遵循「先天吸引力法則」，依照先天的劇本來行事的同時，另一方面也倚賴「後天吸引力法則」（請注意，後天吸引力法則包含了我們日常思想、語言、行動的作用），隨時在創造新的劇情，無論如何，我們在任何種情況下，都應該選擇正向的行為、言語與思想，才能產生正面的能量，才是「自己給自己的最好遺產」，因為「無論你要不要，你得到你創造的」。

　　我們的人生是一種「創造、體驗、學習」的過程，從過

程來看，有時是進化，有時是退化，不過從大整體的角度來觀查，一切的變化都是爲了朝更好的方向來發展。

最可貴的是，「大成功法則」告訴我們，一切可以是宿命，也可以是非宿命，我們的確是具有改變自己命運的能力與方法。

大成功法則的六把金鑰

第一把金鑰：

「時間」就是「因果」。

第二把金鑰：

有作用力必有反作用力。

第三把金鑰：

一切「因」，藉由宏觀的時空尋求適當助「緣」，

以達成「果」。

第四把金鑰：

過去、現在、未來同時存在，可以彼此改變。

第五把金鑰：

凡走過必留下痕跡。

第六把金鑰：

生命一切現象都是自己「創造」出來「體驗」與

「學習」的過程。

④ 一粒沙也能變鑽石

一加一會不會大於二？一粒沙能不能變鑽石？

答案是肯定的，只要我們知道下面這個祕密！

我們思想、語言、行動的反作用力，在穿越時空尋求自我實現的時候，有一個很特別的現象，大成功法則稱之爲「滾雪球效應」。

股神巴菲特在《雪球：巴菲特與生活事業》（Snowball：Warren Buffett and the Business of Life）中談到他一生最獨到的投資理念：「**只要雪夠濕，坡度夠長，小雪球也會滾成大雪球。**」

「滾雪球效應」（Snowball Effect）是一個非常重要的技巧，可以讓你小小的改變就能產生大大的收穫，是一個掌握宇宙能量的重要智慧。

我們的思想、語言、行動和別人、環境的互動關係（因），會依照特定規則尋找適當的時空（助緣），產生相同性質的反作用力（果）。**在這個過程中，有一個重要現象，那就是每一次因——緣——果——因——緣——果——因——**

緣——果——的循環過程中會產生「利息」，就像是滾雪球一樣，越滾越大。

我們來看下面的實際案例就能夠立即了解「滾雪球效應」的厲害。

有一位小姐經常因為大小不同的原因和男友吵架，兩個人相處在一起吵架是難免的，不過他們更是家常便飯，她很想透過OMBA®的「全能開發」來了解她和男友之間的前世因緣。

這位小姐很快的就進入前世回溯狀態，而且對前世的描述非常清楚，連續帶她往前追溯了好幾世之後，總算找到了她和男友的起始因緣。

她在過去世曾經是一個會武功的粗人，在路上因為某件小事和一位不認識的讀書人起了激烈口角，兩個人吵得面紅耳赤、不可開交，當時他甚至失去理智準備拔刀相向，幸好這件極可能演變成不幸的衝突，因為個子嬌小的書生靈機一動，使出反諷的方法，使得他因為不想讓別人認為他只是一個仗勢欺人的莽夫而作罷，最後兩個人不歡而散收場。

雖然這只是一個小小偶發的事件，但是往後的發展著實會教人不敢相信。

　　和別人吵架是我們每個人都曾經發生過的事，如果吵架是突發的單一事件的話，久而久之就會從我們的意識層面中消失，不會再出現來干擾我們，然而這件事情並不會就此結束，而是被真實地被記錄在潛意識（也可以說是宇宙資料庫）當中，成為未來要去實現的人生劇本素材。

　　因果輪迴法則就像是搜尋引擎，你潛意識網站裡的任何內容，不管是好或壞，都會被搜尋出來，變成執行的結果。例如有很多臨床醫學的案例顯示，當我們瀕臨死亡之際，大部分人都會在極短暫的時間理回顧漫長的此生，一幕幕畫面在眼前出現，我們就像是重新又親身活過一遍一樣，複習當中的每一個想法、情緒與心念的執著，在這個過程中就會決定未來人生的劇本。

　　既然兩個人還存在對彼此生氣的執著，宇宙就會盡力成全他們的願望，幫他們尋找適當的時空安排他們再次見面，有機會再對彼此生氣。

　　果然，在幾百年後他們又再度相遇，不過兩人的身分改變了，這次這位莽夫搖身一變，成為一個家財萬貫的員外，而書生呢？卻是他們家的長工，畫面是長工蹲在地上除草，忙得滿頭大汗，而員外則是站在旁邊指責他事情老是做不好，叨叨絮絮唸了一堆，總之員外就是不滿意長工

所做的每一件事，可想而知當時長工的心情是多麼鬱卒、多麼不情願，一樣也是對員外不滿！

　　在這一世中，他們兩人延續上一世的情境，一樣對彼此生氣，沒有從這個事件中學會寬恕和愛，所以整個宇宙又再度慈悲地安排他們實現對彼此生氣的願望，從另一方面來說，也是一個創造、體驗與學習的機會。

　　鏡頭一轉，經過數百年他們倆又在另一個時空重逢了，想不到這一世他們竟然變成夫妻，長工是太太，員外是先生，他們住在一間破舊的茅草屋，半夜下著傾盆大雨，屋頂還不斷的漏水，一付窮困潦倒的景象，夫妻背對背坐著，還是彼此生悶氣、互相看不順眼。

　　可惜的是這一世他們仍舊沒有學會愛與寬恕，所以整個宇宙同樣再依照他們對彼此生氣的意願，安排他們再度見面。

　　再下一世，他們還是夫妻，先生還是先生，太太還是太太，先生在官衙上班，太太則是埋怨先生不會出去兼差多賺點錢養家，太太很生氣的背對著先生，而先生則是在前廳自得其樂，小孩在一旁自己玩耍，也沒有人理他。顯然他們的情況還是沒變，他們還是彼此不諒解。

　　同樣地，依照吸引力法則的原理，他們又吸引了一切

來成就彼此生氣的願望。

現在這一世是第五世，兩個人當時是男女朋友，同樣也是延續前幾世的習性，是一對吵吵鬧鬧的冤家……

一般我們總以為要有了不得的事才會成為因果，想不到上述的案例中，幾世大費周章的輪迴，卻是緣起於一次吵架的意外。

如果我們在某一世跟某個人有一段不愉快的經驗，也許只是一個偶發事件所造成，兩個人彼此並不認識，這樣的一個小小的生命經驗將會被完整保存下來，而且無論經過多久的時間，都會被儘力安排透過「分身」來實現這樣的「心願」，也就是當「吸引」來的各種條件成熟，雙方還會再見面，再彼此怨恨一番，而且如果這樣的情緒未能在再次相遇的那一世弭平的話，下一世還會再重演，經過也許兩世，也許三世，也許四世，兩人就會以夫妻的關係來互相體驗，一直到某方或雙方能夠圓滿處理這個生命經驗，也就是完成這個人生課題為止！

「我怎麼可能會給自己編一個和我所痛恨的陌生人成為夫妻的人生劇本呢？」

事實上就是如此！因為「無論你要不要，你得到你創造的」，我們通常都未能認清這一點，更不用說那些我們曾經做

過傷害他人或自己的事，這些事也是我們爲未來世所寫痛苦的人生劇本的素材。

跟我們關係越親密的家人，代表彼此的因緣也越深，如果有不好的因緣，我們更加要即早、妥善去處理，否則只會像滾雪球一樣，越滾越大。

原來凡事都有「緣起」，不論這個緣起多麼細微，只要我們依舊起心動念、執著難捨，它就會像滾雪球一樣越滾越大，最後到了驚人的地步。即便是小小的一個心念，千百年後都有可能因爲這個緣起，變成一件驚天動地的大事。

從這個案例中，我們可以清楚觀察到「滾雪球效應」所產生的「利息」是什麼。

第一、他們的關係一世比一世親密。

從第一世的陌生人，由於對彼此的憤恨，無法放下，到了第二世開始變成僱傭關係，從第三世開始更進一步變成了夫妻關係。

第二、他們相處的時間一世比一世長。

從第一世兩個陌生人一時的爭吵，到第二世變成僱傭關係，相處時間拉長到好幾年，到第三世、第四世就變成相處一輩子的夫妻。

俗語說「百年修得同船渡，千年修得共枕眠」，這句話一

點也沒錯，同船共渡的因緣其實是從百年前的某段相遇延續來的，要成爲同床共枕的夫妻也要經過千百年的因緣發展（一般情況下是如此）。

所以，**想要實現你的夢想，第一要「創造起始因緣」，第二要「鍥而不捨」，因爲經歷的時間越久，得到的收穫也就越大。**

「好的開始是成功的一半」，想想看，如果我們能夠創造一個好的、善的、正面的起始因緣，即便這件事情再小，一個對自己有利的小雪球，只要自己堅持不懈，假以時日是不是也會滾成一個大雪球？是不是**可以讓自己不費多餘的力氣，就能夠獲得很大的成功？**

這是成功者最懂得運用的技巧。偉人、大富翁、大政治家、大企業家、大文豪、大音樂家、大軍事家、大醫師、大律師……都是滾雪球效應培養出來的，不是突然的巧合。

然而我們卻剛好相反，一開始沒有良好計劃，過程中缺乏檢討反省，一心以爲成功會憑白從天上掉下來，不知不覺中，一直到小雪球滾成大雪球了，才後悔莫及。

我們只要及早修正這個錯誤觀念，善用「滾雪球效應」，人人都可以成就「大事」，即便橫跨好幾個時空也不會過期、一樣有效。

⑤ 第四個祕密：累積正向的反作用力

不了解第四個祕密的人，即使成功富貴也不能長久。

當我們產生了一個想法、做了一個行為、說了一句話的時候，就會產生「正向或負向的作用力」，這個作用力作用在自己或別人或環境上面，會立即產生「正向或負向的反作用力」。

有些反作用力會立即實現，讓我們感受到它們的存在。如果反作用力在這個時空無法獲得實現或是消解而持續存在，它就會自己尋求適當的時空、情境（助緣），或是被安排適當的時空、情境（助緣），或是說吸引來相關的助緣而得以實現。在這個過程中會產生「滾雪球效應」以及「累積效應」，使得最後發生的結果變得無比巨大。

所謂「累積效應」是指不同時空所產生的反作用力，有可能集中在某個時空一起發生作用，其結果將有如核爆般驚人。

「等待適當時空以產生作用的正向反作用力的總和」，東方人用了簡單而且傳神的兩個字來形容，那就是「福報」。

福報是「成功富貴」這幢大廈的鋼筋與混凝土，福報越豐厚，「成功富貴」的大廈也就越高聳雄偉，沒有累積足夠福報而想要平地起高樓，就好像撒哈拉大沙漠要開出豔麗的牡丹花一樣困難。

福報是成就的根本，事業與財富方面的目標尤其與福報有關，《祕密》一書中提到的所有成功者，都與「福報的吸引力法則」有關，畢竟「天下沒有白吃的午餐」，沒有足夠的福報而想要成功立業是絕對不可能的事，就算僥倖能夠如願，時間也會非常短促，有如曇花一現，甚至禍延來日，這絕對不是我們要的大成功。

那麼，要如何才能累積福報呢？

累積福報是不是一定要花錢呢？其實並不然！

那麼有沒有什麼本小利多的方法，可以幫助我們更快速累積福報呢？以下三個祕訣就是最佳的選擇。

祕訣一：修心養性不犯錯

「修心養性不犯錯」就是累積福報最實用的方法。我們可以在三邊關係定律的架構下，依照通用的準則，每天反省修正自己的思想與行爲。

什麼是通用的準則？

大成功法則的研究人員曾經大費周章的去尋求可以讓每一個人永遠稱心愉快生活在這個世界的通用準則，結果歸納到最後，才發現其實古聖先賢都已經明明白白告訴過我們了。

這些通用準則中，有那些方法可以產生正向反作用力呢？那就是：忠、信、孝、慈、廉、義、仁、恕。

忠：竭盡心力做事。

信：誠實可靠。

孝：盡心侍奉父母。

慈：疼愛晚輩，關懷別人。

廉：清白無私。

義：公平正當，按理行事。

仁：寬惠愛人。

恕：推我心如彼心，感同身受、推己及人的行為。

從反方向來說，這些通用準則中，有那些方法可以避免產生負向反作用力呢？那就是：戒殺、戒盜、戒淫、戒妄、戒酒。

戒殺：愛惜生命，不殺生，包括墮胎與自殺。

戒盜：不拿取不屬於自己的東西。

戒淫：戒除非禮義的色情，包括色情的傳播。

戒妄：不說謊，不花言巧語，不咒罵人，不搬弄是非。

戒酒：是指戒除受物質控制的癮欲，例如：毒品。

這些都是經驗法則，它們並不是限制我們的教條，而是保護我們的防線，真正的重點是幫助我們預防負向反作用力的累積、集結正向反作用力。

所以，讓生活幸福、萬事順利的方法就是這麼淺顯，而這一切都取決於我們自己的正向思想、語言、行動，無論富貴貧賤，都是我們自己「做」來的。

以上這些內容有些人可能會覺得十分八股、老套，然而，「眾裡尋她千百度，驀然回首，那人卻在燈火闌珊處」，經歷過長久觀察、研究之後，再回過頭來省視這些準則，才徹底發現它們的真實與可貴，畢竟這些準則都是歷經數千年的千錘百鍊而流傳下來顛仆不破的金科玉律，其影響力是真實存在的。

各位仔細回想一下，在記憶當中的名人，那些享受幾年榮華富貴之後，就垮台、一蹶不振的人，其中是不是有很多就是私德有問題的人？你回想一下就會知道大功法則說的沒錯，更不用說，若以更寬宏的時空觀來理解這件事，你更會驚覺因與果的關聯性如此緊密，無一例外。所以說「凡走過必留下痕跡」，想要持盈保泰，「修心養性不犯錯」是最根本要遵守的規則啊！

祕訣二：做好自己的本分

第二種累積福報的方法更簡單，就是「做好自己的本分」。

我們每天二十四小時都在扮演不同的角色——夫妻、父母、子女、同事、員工、老闆、乘客、顧客、路人甲……等等，大家的時間都一樣，誰能夠把自己的角色扮演好，做好自己的本份，誰就能夠累積更多的福報。

祕訣一與祕訣二似乎非常顛覆一般人的觀念，難道這麼容易就能為自己增加福報嗎？

是的，千真萬確！

即便你是一位麵攤老闆，如果能夠以「煮出最好吃的麵」來自我要求，讓每一位顧客都能唇齒留香、回味無窮，他們日後是不是還會再光顧你的麵攤？

當然是的，他們都會成為你的老主顧，甚至無論時空如何轉變，當他們再遇見你，他們的潛意識還是會記得從前吃麵的美好記憶，繼續成為你的老主顧。

告訴大家一個祕密，我們看到坊間有許多商店門前整日都大排長龍，排滿等待消費的顧客，這都是做好自己的本分與滾雪球效應所累積下來的結果。很多世界知名的名牌商品也都是這種福報類型的經營成果。

祕訣三：行善布施

第三種累積福報的方法是大家耳熟能詳的「行善布施」，或是西方人所講的「給予」。這個方法不僅可以累積福德，更可以快速改變命運，最有名的例子首推袁了凡先生根據親身經歷所寫的《了凡四訓》一書。

《了凡四訓》中不但強調改變自己的行為是改變命運的方式，也提供了十種行善積德的方法：

一、與人為善；

二、愛敬存心；

三、成人之美；

四、勸人為善；

五、救人危急；

六、興建大利；

七、捨財作福；

八、護持正法；

九、敬重尊長；

十、愛惜物命。

《易經》：積善之家，必有餘慶；積不善之家，必有餘殃。《太上感應篇》也說：禍福無門，惟人自召；善惡之報，如影隨形。「以後天改變先天」以及「以後天培養後天」的方法之一，就是從「累積正向的反作用力」做起。

也就是說，先天命運不好的地方，可以靠後天累積的福報來改變，後天的運勢不好，也可以靠後天累積的福報來改變。

後天的行善，一方面可以累聚福報輜糧，一方面也是為自己的成功，對社會進行回饋與感恩的表現。

想要在大成功法則的人生九面向：事業、財富、人緣、親

情、愛情、生活、身體、心理、心靈等產生改善、向上提昇，最根本的辦法就是先替自己在福報銀行開戶，從累積正向反作用力的後天方法做起。

古今中外一生榮華富貴的成功者，都在這些方面下了很大的功夫，我們在後面的章節中就列舉了許多有名的案例，讓人不得不信。他們都是大成功法則的忠誠信徒。

大富豪們在「福報銀行」的帳戶

各位應該注意到，古今中外歷史悠久的大企業一定會做的事就是「從事慈善公益」，這就是這些優秀企業得以成功、綿延不墜的主要原因之一，因為他們在「福報銀行」的帳戶有巨額存款。

世界上有很多這樣的例子。例如：鋼鐵大王安德魯・卡內基（Andrew Carnegie）、汽車大王亨利・福特（Henry Ford）、億萬富翁喬治・索羅斯（George Soros）、石油大王約翰・洛克菲勒（John D. Rockefeller）、世界最大零售商沃爾瑪百貨公司（Wal-Mart）創始人山姆・沃爾頓（Walton, Sam）家族等比比皆是，從古至今，數量多到數不完。

　　以台灣的企業爲例，由張榮發先生所創辦的長榮集團（EVERGREEN GROUP）也是一個典型的例子，長榮除了有宗教的背景因素之外，對員工、客戶都能盡到應有的責任，公司上下員工厲行吃素，多年來更是非常踏實的致力於慈善事業，成效非常卓著，像這樣，長榮集團要再「長榮」幾百年也是意料中的事。

　　當然，並不見得一定要很富有才能夠做善事，像很多藝人或是有知名度的公眾人物，經常從事公益或爲公益活動代言，也是一種很好的行善的方式。

　　我們一般人更是可以把握生活中的每一個機會，在自己能力範圍之內盡量去幫助別人，一樣可以積少成多，讓自己在福報銀行的帳戶有更多存款。這是每一個人都可以做到的，凡走過必留下痕跡，不用擔心白費功夫，一定會有成效，期待大家一起加油！

⑥ 做「對」善事，才能有求必應

　　想要成功富貴，累積正向反作用力是非常必要的方法，而且必須持續一段時間，也許從一年到十年不等，但這是絕對值得的，畢竟，天下沒有白吃的午餐，一分耕耘，一分收穫，甜美的果實也要生長的時間。所以說：**只有創造時勢的英雄才懂得「越是低潮的時候，越要讓自己提早準備好」，因為高潮也許明天就會來！**

　　不過，累積福報的方向不對，也不見得會對想實現的願望有幫助。例如：我認識的朋友以及學員中，有很多人結婚多年卻仍舊膝下無子，這是先天吸引力法則的因素所致。

　　如何使用大成功法則來心想事成呢？

　　做法有很多種，累積正向反作用力就是一個好方法。但是要注意，正向反作用力的內容如果跟生育或小孩有關的話，所得到的幫助就會非常大，例如：支持不孕的醫學研究、捐助孤兒院，甚至領養孤兒，有很多情形是當事人領養孤兒之後，很快就能生育的案例。

　　幫助心智障礙者、幫助貧苦就學，可以讓自己與小孩更

聰明。心存善念、樂於助人，可以讓自己事事順心、到處都有貴人。股神巴菲特也是因為做對了善事，才能成為世界第一富豪，想要成功致富的人，請看〈成功者的成功模式〉一章，保證會有一語驚醒夢中人的收穫。

現在你應該知道想讓自己變漂亮，或是更有人緣，應該怎麼做了吧？

我並不是鼓勵大家行善一定要有目的，而是藉由大成功法則告訴大家，做對善事才能有求必應，畢竟我們都是紅塵中人，顧及現實的一面也是理所當然的。

說到行善不一定要有目的，讓我想到一段生活小插曲。有一年螃蟹盛產的季節，我太太在經過菜市場的時候，路邊有一個小販向她兜售賣不完的螃蟹，盤子裡的螃蟹被五花大綁，動彈不得，嘴中還吐著白沫。小販有點無助地向她開出結束營業大拍賣的優惠價格，希望能把大部分過剩的螃蟹賣完，以免造成損失，當時她覺得螃蟹可憐並沒有動心，回家後才告訴我這件事。

我跟她說：「如果是我，我就會跟他買！」

「為什麼？你不是說不要殺活的東西來吃嗎？」我太太瞪大眼睛，一臉不解的樣子。

「我的意思是，當時小販無意間引動一個因緣，我想我會

順勢向小販買下螃蟹，然後找一個適當的地方去放生，一方面
幫了小販的忙，一方面也幫了螃蟹的忙，何樂而不爲呢？」

⑦ 第四階段「每日行動計劃」

每日行動計劃

【 身體的行動 】

　　1. 按照SWOT分析策略表中的策略與方法確實去
　　　 執行。

　　2. 修心養性不犯錯。

　　3. 做好自己的本份。

　　4. 日行一善。

【 心理的行動 】

　　1. 每天至少在早上起床、下午以及晚上睡覺前，
　　　 各唸一遍「強化意識念力講稿」。每天執行的
　　　 次數越多越好，有空就可以拿出來唸。

　　2. 每天早上出門前，看一段激勵的影片。

【心靈的行動】

1. 利用十分鐘完全的空檔，請進行「OMBA®自我全能開發＋發願法」，多多益善。

2. 每天至少在早上起床以及晚上睡覺前，進行「OMBA®自我全能開發法」以及「OMBA®潛意識目標圖像設定法」或是「NLP潛意識目標圖像設定法」。

8 股神巴菲特——成功者的成功模式

西元2006年國際間最為人所津津樂道的大事，就是美國億萬富翁沃倫‧巴菲特（Warren Buffett）將他財產的百分之八十五，約三百七十四億美元全數捐作慈善用途，而且其中的百分之八十三將捐給世界軟體龍頭微軟（Microsoft）董事長比爾‧蓋茲（Bill Gates）的慈善基金會（Bill and Melinda Gates Foundation），這也是美國有史以來最大的一筆慈善捐款。

對於這件事各方面的報導與討論都非常多，不過，巴菲特在接受美國財星雜誌訪問時所說的一句話，卻特別引人注目，他說：「我知道我要做的事，這樣做自有道理。」

到底是什麼樣天大的道理，可以讓一個人捐出大部分的財產呢？是為了幫助公司節稅？還是因為巴菲特的愛心？或是基於和蓋茲的情誼？還是為了紀念已故的愛妻蘇珊呢？

箇中道理只有巴菲特最清楚，然而，從「大成功法則」的觀點來看，卻能夠幫助各位更深入地看清楚這位將財產百分之八十五捐作慈善用途，在兩年後（2008年）總財富卻反而首

度超越比爾·蓋茲，躍升成為世界首富的巴菲特，其成功致富的模式。

巴菲特致富祕訣徹底研究

《新約全書·馬可福音》第十章中提到有一個富人來到耶穌面前，請示耶穌要怎麼做才能得永生。

耶穌出來行路的時候，有一個人跑來，跪在他面前，問他說：良善的夫子，我當做什麼事才可以承受永生？

耶穌對他說：你為什麼稱我是良善的？除了神一位之外，再沒有良善的。

誡命你是曉得的：不可殺人；不可姦淫；不可偷盜；不可作假見證；不可虧負人；當孝敬父母。

他對耶穌說：夫子，這一切我從小都遵守了。

耶穌看著他，就愛他，對他說：你還缺少一件：去變賣你所有的，分給窮人，就必有財寶在天上；你還要來跟從我。

他聽見這話，臉上就變了色，憂憂愁愁的走了，因為

他的產業很多。

　　耶穌周圍一看，對門徒說：有錢財的人進神的國是何等的難哪！

　　耶穌要這個富人賣掉他所有財產並且布施給窮人，就可以把財富儲存在天國，也就是累積他往後的福報，這個做法和許多東方宗教的觀念是完全相同的。

　　一個人在今生可以擁有多少財富，要看他累世以來所累積的財富福報，我們可以把今生賺來的錢財看成是前世存在他人銀行中的存款，這一世則藉由各種方法領回來花用。沒有這些一點一滴累積下來的福報，而想要在這一輩子大富大貴，這是不可能的事，畢竟，巧婦難為無米之炊，自然法則不會允許不公平的事！

　　關於福報，我們已經在上一章向大家說明了，在這一章中，大成功法則還要更進一步剖析「成功者的成功模式」，不同類型的成功者有不同的操作模式，會導致不同的成功型態。你想要得到什麼樣的收穫，實現什麼樣的願望，就必須非常睿智的選擇適當的「成功模式」。

　　大成功法則把成功以與失敗的規則完整透露給大家，只要遵守這個規則自然就會成功，不遵守規則的努力，就算是勉強

達成願望，一段時日之後也會很快的消散，不能永續長久。

　　大成功法則教導我們順應自然的道理，去做我們應當做的事，剩下的則只要善用自然的力量、宇宙的遊戲規則，自然就會水到渠成。

　　巴菲特捐出大部分財富來行善，此舉從我們常人的角度看起來似乎不可思議，然而這卻是巴菲特累世以來的慣性，也是他之所以如此成功的「成功模式」！

　　巴菲特並不是一開始就是這麼富有。不知道多久以前，巴菲特和我們一樣，都是每天爲三餐奔波的平常人，不過他比我們多做了一件事，就是把自己辛苦存下來的大部分積蓄捐出來幫助別人。而且他就像是養成習慣似的，往後的每一世他都如此地行善。

　　於是，「滾雪球效應」產生了！

前世捐錢幫助十方大眾

↓

今世再從十方大眾賺回加上利息的本金

↓

今世只花用部分利息所得

再把其他錢捐出幫助十方大眾

↓

下一世再從十方大眾賺回加上利息的本金

↓

如此循環不已，越滾越大

大成功法則要告訴各位：

第一、根據滾雪球效應，每一世他的資本規模越來越大，終於在今世成為世界首富。

第二、重要的是，巴菲特如何把前世存放在十方大眾那裡的錢拿回來呢？股票市場是一個很好管道，因為這些受過巴菲特幫助的人，很容易出現在這個市場中。這一點造就巴菲特成為世界級股神，這也是本章的重點。

反過來思考，如果您想要像巴菲特一樣成為股市大亨，方法很簡單，只要模仿卓越，照著他的方法做就一定會成功。這就是「成功者的成功模式」！

第三、巴菲特驚人的金融操作技術與天賦，也是累世滾雪球效應的結果。

第四、巴菲特把錢捐給好友比爾蓋茲夫婦的基金會，而不

是自創基金會，這個舉動爲巴菲特與比爾蓋茲夫婦攀引了更深的因緣，下一世他們將還會是一起體驗人生的善緣集團，成爲關係非常親密的人，這也是後面即將介紹的「馬太效應」。

就像是巴菲特在股票市場的「成功模式」一樣，以大成功法則的成功九面向的「事業」來說，各行各業的成功人士也各自有他們的「成功模式」，要想在各行各業成功，只要按照他們的模式去執行，就一定可以得到相對的成功。

至於各行各業的「成功模式」到底如何運作，是一門很有趣的課題，如果能夠把這些「成功模式」介紹給社會大眾的話，一定會爲整個世界帶來絕大的幫助。

例如：成爲政治家的成功模式是什麼？

成爲房地產大亨的成功模式是什麼？

成爲醫師的成功模式是什麼？

成爲明星的成功模式是什麼？

讓自己英俊、漂亮的成功模式是什麼？

讓自己健康長壽的成功模式是什麼？

讓自己婚姻幸福的成功模式是什麼？

……

　　這些成功模式一定都是正面的方法，透過己利利人的循環來進行，大家既然知道了成功的正確方法，就不會使用傷害性的方法，自然可以減少很多負面能量的形成。

　　目前大成功法已經研究出許多「成功者的成功模式」，而且也很樂意和世人一起分享。

⑨ 第五個祕密：布局因緣場

因緣就像媒婆

一個現象的形成，一定有諸多條件彼此搭配才能成形，沒有一種現象是單獨存在的。

同樣的，要成就一個目標，也必須有許多「因緣共構」才能實現。較小的目標可能只需要近期的因緣造就，較大的目標則必須要有長期的因緣集結才能實現。創造良好的因緣網絡就是為自己取得了「成功的通行證」。

例如，你想學打高爾夫球，你一定會去書局找有關高爾夫球的書來看、到高爾夫球球具店買球具還有服裝，你也會到高爾夫球場練習，並且找教練來教你打球，也許還有桿弟也說不定。

經過一番努力，你終於成為高爾夫球高手。

我們可以說：「想學打高爾夫球」是「因」。

「最後成為高爾夫球高手」是「果」。

中間的一連串過程就是「緣」。

又例如，巴菲特說的：「只要雪夠濕，坡度夠長，小雪球也會滾成大雪球。」

「小雪球」是「因」。

「滾成大雪球」是「果」。

「雪夠濕，坡度夠長」就是「緣」。

一顆種子如果沒有土地、空氣、陽光、水分、時間這些助緣，也不能長成大樹。

可見因緣對於成功是多麼的重要，有想要求取成功的因，如果沒有人、事、時、地、物等種種因緣配合，又如何能獲得成功的結果？然而令人意外的是無論東西方討論成功的學說，幾乎都忽略這一個重點。

人、事、時、地、物等種種因緣並不是你吸引它們，它們馬上就會出現，如果沒有正確的方法，很有可能要經過幾百年才能因緣俱足。

有時候我們會覺得萬事具備，只欠東風，每一件事都準備好了，但是就是無法敲開成功的大門，這是因為因緣不具足的緣故。這個因緣也許是人、事、時、地、物的其中一項，一旦我們認清原因，創造出必要的因緣，自然容易達成目的。

時勢造英雄，英雄造時勢

時勢、環境是客觀的，而人是環境的產物，大時代洪流往往是影響我們成功與否的重大因素，外在因緣如果不具足，難免讓我們懷才不遇，壯志難伸。

一個人的成功除了個人的努力之外，機緣是不可或缺的條件。宋朝宰相呂蒙正（西元946－1011年）曾經在太宗、眞宗兩朝，三次當上宰相，官至極品，位列三公，但是他年輕時候時運不濟，空有滿腹學問，卻連一餐都吃不飽，每個人都看不起他。

姜子牙曾經在商朝做過小官，後來因爲紂王暴政民不聊生，便辭官隱居在蟠溪峽。一直到十年之後，姜子牙已經八十三歲高齡，才遇到求賢若渴的周文王拜他爲師，居帥位，掌大權，終於推翻商紂暴政。

沒有因緣，就沒有成功，「因緣」是成功富貴的重要條件。王永慶成爲經營之神有他的時代背景，當年的時代因緣已經不復存在，我們不可能再成爲王永慶，慶幸的是，我們也有我們的時代背景，造就成功富貴的「因緣」一定存在，就看我們能不能發現它、創造它、掌握它！

你在「善緣銀行」有帳戶嗎？

　　每個人在「善緣銀行」都有很多種類型的帳戶，這些類型包括**人、事、時、地、物等五種**，其中，「人緣（脈）」帳戶是很重要的一種。

　　歷史上，戰國時期的養士之風非常盛行，是各國儲備人才，培植勢力的方法。

　　當時的國君，如：魏文侯、齊宣王、燕昭王，以及貴公子，如：齊國的孟嘗君、趙國的平原君、魏國的信陵君、楚國的春申君等，都是非常知名的養士人物，食客甚至多達數千人。他們藉著養士提高自己的聲望，國家有難的時候，所養的食客也能為他們策畫效命、屢建奇功，像是荊軻、毛遂等人都是家喻戶曉的人物。

　　有趣的是，當這些國君們出現在別的時空圖謀大業的時候，會不會有無人可用的窘境？

　　答案當然是不會。因為他們不僅已經在戰國時期培養了與能人志士的良好因緣，而且培養人脈也變成固定的行為模式，所以他們身邊總是圍繞許多強將、能人，幫助他們打天下。

　　想要成為大企業家，同樣需要許多好幫手，才有辦法將龐大的公司治理得井然有序，我們也可以發現大企業家們都有一

個共同的特點，那就是善於培植人才。

例如郭台銘先生的鴻海集團，公司遍及海內外，橫跨亞、歐、美三洲，員工數萬名，前廣達執行長王震華先生還曾公開推崇說：「郭台銘是他心目中的成吉思汗。」

我們要思考的是，即便郭台銘先生擁有天大的福報，如果缺乏人脈因緣的話，他的富有就一定不是以企業家的型態出現，而是以其他方式取得。

這麼龐大的集團組織並不是隨機形成的，而是由超過我們想像的無數時空、無數因緣累聚起來的現象。透過先天吸引力法則，那些累積下來的人脈在這個時空一一變成股東、廠商、員工、競爭對手……等，就形成膾炙人口的「鴻海傳奇」。

事實上，郭台銘先生在人才的選拔和培育上，下過非常大的工夫，例如：為了培養所謂的「世幹班」，還讓在台北、美國、中國大陸的公司幹部去海外受訓，將他們培養成國際化的人才，為此花費上千萬美金也再所不惜。這就是一種結緣、攀緣的舉動，這個習慣讓郭台銘先生與菁英們產生深厚的緣份，而在許多時空當中共同打拼著。

你可以發現這種情形，和我們在下一章「馬太效應」要介紹的電子上市公司董事長的模式是一模一樣的，這也是成功企業家的成功模式。**有志成為大企業家的讀者，也應該模仿卓**

越，及早開始這麼做，因爲龐大的人脈因緣需要漫長的時間累積。「千軍易得，一將難求」。人才不會自己憑空出現，一定要主動創造自己跟他們的良好緣份，累積自己在「善緣銀行」人緣帳戶中的實力，現在是，過去是，未來也是。

⑩ 如影隨行的「人生夥伴」

　　我們在數不清的案例研究中也發現，在許多人生的漫長過程中，總是有一群相同的人跟著我們一起體驗人生，這些人正是我們的親密的「人生夥伴」，也是跟我們關係最密切的人。

　　就像是前面提到的郭台銘與鴻海菁英、巴菲特與比爾蓋茲夫婦、戰國四公子與食客一樣，都是在一起體驗人生的「人生夥伴」。在我們自己的人生裡，這些人有時候是我們的同學、同事、朋友、兄弟姐妹，有時候是我們的父母、兄長、老師，有時候是我們的仇家，有時候是我們的恩人……無論是善緣還是惡緣，都是我們自己選擇的「人生夥伴」，他們也是用他們的生命，與我們共同學習成長的人。

　　因緣也像滾雪球一樣，無論是好的或是壞的，都會越滾越大。我們四周遭的「人生夥伴」，也都是這樣形成的。既成的好因緣我們要善加珍惜，既成的壞因緣更要透過「大成功法則」學會如何處理這些課題。

　　此外，大家應該都要有「慎選自己的人生夥伴，創造好的因緣」的概念，要知道如何積極、主動的從這個時空挑選新

的、好的「未來的人生夥伴」。讓我們從此時此刻就開始這麼做，當我們這麼做的時候，那個未來的我也會有全新的改變喔！

把「大成功法則」介紹給別人

如果你認同「大成功法則」的理念，請你儘量把這本書介紹給你認識的人，這個推薦的舉動會讓對方成為你的善緣集團的人生夥伴，讓你和他（她）們的緣份更深厚、長遠。如果對方是不認識的人，也可以藉此攀下良好的緣份，對往後產生正向的反作用力。

好因緣需要大家一起來創造，當好因緣越滾越大，就越能影響世界朝向溫馨繁榮的方向發展，許多天災人禍也能消弭，雖然這條路還很漫長，卻值得我們開始努力以赴。

⑪ 上市公司老闆的抉擇——馬太效應

《新約全書・馬太福音》第廿五章裡有一段很有意思的故事。大意是說：

從前有一個富人，有一次他必須離家遠行到外國去，但又怕家中的僕人怠惰，於是就想到一個辦法，他把家中三個僕人叫來，按照各人平日表現的能力分別給他們一筆銀子，一個給了五千，一個給了二千，一個給了一千，希望僕人們能夠充分利用這筆錢做生意，當他回家之時，看誰的成績最好，富人把事情交待妥當就出門去了。

那個領了五千銀子的僕人，隨即拿錢去做買賣，另外賺了五千銀子。

那個領了二千銀子的僕人，也一樣拿錢去做買賣，另外賺了二千銀子。

但那個領了一千銀子的僕人，卻在地上挖了一個坑，把主人給的銀子埋在裡面。

　　富人離開很長一段時間之後，終於回到家了，他把僕人叫來，要看看大家的成績如何？

　　結果那個領了五千銀子的僕人，帶著另外賺到的五千銀子，向主人邀功說：「主人請看，你交給我五千銀子，我又賺了五千銀子。」

　　主人說：「很好，你真是一個忠於職守的僕人，我要給你更多的權力，讓你一起和我享受快樂。」

　　那個領了二千銀子的僕人也來說：「主人請看，你交給我二千銀子，我又賺了二千銀子。」

　　主人也很高興說：「很好，你真是一個忠於職守的僕人，我要給你更多的權力，讓你一起和我享受快樂。」

　　最後，輪到那個領一千銀子的僕人說：「主人啊，我知道你是很精打細算、不會讓自己吃虧的人，所以我很怕做生意反而把你的一千銀子虧損掉了，還不出錢來，於是就在地上挖了一個坑，把銀子安全埋了以來，請看，你原來的銀子全部在這裏。」

　　結果主人很失望又生氣的說：「你這個又壞又懶惰的僕人，你既然知道我的為人，就應該把這筆錢找一個可靠的人借出去，等到我回來的時候，至少還可以連本帶利的收回來。」

接著主人做了一個決定：「把他的一千銀子拿過來，給那個有一萬銀子的僕人。把這個沒有用的僕人丟到外面黑暗裡，讓他在那裡悔恨哭泣。」

這個故事就是「馬太效應」（Matthew Effect）的由來。

「馬太效應」最初是在1973年由美國科學史專家羅伯特‧莫頓（Robert K. Merton）提出來的，他認爲在馬太效應影響下，「社會對那些有名氣科學家的研究成果所給予的榮譽越來越多，而對那些沒有名氣的科學家則不承認他們的成績。」

後來馬太效應則延伸到泛指「任何個體、群體或地區，一旦在某一個方面（例如：金錢、名譽、地位等）獲得成功和進步，就會產生一種累積的優勢，能夠擁有更多的機會取得更大的成功和進步。」

它反應了一種優勢和劣勢的累積過程，也就是說，一旦產生優勢，這種優勢局面會不斷地加強，反之，如果處於劣勢，那麼這種不利勢局也會越演越烈。這個現象看起來似乎有一點和前章的「滾雪球效應」類似，不過仔細分析，其中卻多了一種選擇性的排擠效果在裡面。

　　我要告訴大家，「馬太效應」為我們帶來的觀念非常重要，怎麼說呢？

　　這一切都要從三年前談起。

　　由於從培訓工作的關係，時常會接觸到許多充滿熱情與愛心的人士，羅老師就是其中一個。羅老師是一位從事身心障礙教育的老師，那時候他和一群同樣充滿愛心的老師發起成立了一個宗旨是服務身心障礙者的協會，筆者有幸也在其中擔任理事一職，略盡棉薄之力。

　　台灣的善心人士很多，每一年的善心捐款也很多，不過在這方面也出現「馬太效應」的現象，捐款的分配並不平均，通常都集中在較大的慈善機構中，所以協會的經費一直處於短缺的狀態。

　　幸好協會中有成員的親戚是電子上市公司的董事長，於是大家的期望不免寄託在這上面，都認為如果向這位老闆募款的話，成功的機率一定是百分之百，一方面是因為對方是關係很親近的親屬，另一方面，協會所需要的經費數目，對一個上市公司董事長來說絕對是九牛一毛，而且協會所開立的收據還可以幫公司抵稅，從任何一個角度來看，絕對找不出任何不同意的理由，然而當這個想法正式向對方提出的時候，卻遭到委婉的拒絕。

　　這位上市公司董事長拒絕的原因，才是我們要說明的「馬太效應」。

　　董事長其實很願意從公司撥出一筆經費來回饋社會，但卻不是用在弱勢者身上，而是希望能用在培養電子菁英的用途上。他認為培育更多電子菁英可以大幅度改善人類的生活，這才是他想做的事。

　　這件事情後來不了了之，也許已經成為大家茶餘飯後的話題，但是從另一個角度來看，原來有錢人的想法真的和我們不一樣！這就是成功者的成功模式。

　　董事長的決定並沒有所謂對或者是錯的問題，我們可以說這是「馬太效應」的作用，讓強者選擇強者，形成關係深厚的善緣集團，如此也變得更有競爭力，勢力也更龐大。

　　董事長選擇和有能力的人站在一起，這其實是他的習慣模式，這個成功模式為他累積了與電子菁英的人脈因緣，而不是與弱勢者的因緣，這也是他適合從事極度競爭的高科技產業的原因之一。

⑫ 第五階段「每日行動計劃」

每日行動計劃

【身體的行動】

1. 按照SWOT分析策略表中的策略與方法確實去執行。

2. 修心養性不犯錯。

3. 做好自己的本份。

4. 行善布施。

5. 廣結善緣。

6. 把《大成功法則》介紹給別人。

【心理的行動】

1. 每天至少在早上起床、下午以及晚上睡覺前，各唸一遍「強化意識念力講稿」。每天執行的次數越多越好，有空就可以拿出來唸。

2. 每天早上出門前，看一段激勵的影片。

【心靈的行動】

1. 利用十分鐘完全的空檔，請進行「OMBA®自我全能開發＋發願法」，多多益善。

2. 每天至少在早上起床以及晚上睡覺前，進行「OMBA®自我全能開發法」以及「OMBA®潛意識目標圖像設定法」或是「NLP潛意識目標圖像設定法」。

⑬ 第六個祕密：化阻力爲助力

在進行了那麼多的努力之後，還可能有一種因素會使你希望落空。

前面我們探討了跟自己本身有關會阻礙成功因素，這一章要幫助大家了解，阻礙自己成功的外部因素。

命好也怕運來磨

試想，如果我們駕駛一輛車況不好的車，從洛杉磯開到紐約，是不是有可能會狀況百出？跟自己本身有關會阻礙成功因素，就像是一部車況不好的車。

那麼，如果我們駕駛一輛高級房車從洛杉磯開到紐約，如果行經的路線一條是高速公路，一條是地方公路，兩者的障礙明顯有懸殊的差異。高速公路的路線可以更輕鬆、快速的達到目的地，而充滿十字路口與不同行駛方向汽車的地方公路，則需要耗費更多的時間與體力。

　　所以在我們努力實現目標的同時，必須先把沿路的障礙化解，才能更順利到達我們的目的地。

　　還有什麼外部因素會阻止你成功呢？

　　有時候你是不是會覺得一天都不順心？

　　你是不是覺得四周圍有很多人和你過不去？

　　你是不是覺得老是有人講你的是非？

　　你是不是在事業、財富、人緣、親情、愛情、生活、身體、心理、心靈等方面經常不如意，出現挫折？

　　這些有形無形的阻力，其實是我們前面所探討「作用力與反作用力」的「負向反作用力」，有些是自己造成的，有些是別人造成的，有些是環境造成的（三邊關係定律）；有些負向反作用力是有形的因素，有些負向反作用力是無形的因素所造成，如果是好的延續會帶來助力，如果是不好的延續會帶來阻力，讓我們的人生處處不順，到處碰壁。

　　如果大家能夠完全實踐前面大成功法則的五個祕密，就不會有產生外部阻力的問題。畢竟，將心比心，人必自愛而後人愛之，人必自助而後人助之，**按照大成功法則告訴你的方法，實行一段時間，不要怕困難，不要懷疑沒有效果，只要你有做，就一定可以化阻力爲助力，幫助你更上層樓。**

反省是最好的預防針

佛家《百喻經》有一則〈灌甘蔗喻〉的故事。

從前有兩個人在一起種甘蔗，有一天他們彼此打賭看誰的甘蔗種得好，種得好的人可以得到獎賞，種不好的人要重重處罰。

這時，其中的一個人就動腦筋想：「甘蔗是非常甜的作物，如果我把甘蔗汁榨出來，再用它來灌溉甘蔗田，甘蔗一定會變得更加甜美，肯定會贏過對方。」

於是他就把現有的甘蔗全部榨成汁，並且用甘蔗汁來灌溉甘蔗田裡的蔗苗，希望成熟之後汁液會更加甜美。結果蔗苗不但沒有變得更甜，反而全都枯死了，其它的甘蔗因為都被拿去榨成汁，所以一棵也沒剩。

世間的人也犯了同樣的毛病，本來想做些善事來求得福報，卻依仗權勢，欺壓百姓，搜刮百姓的財物，然後用它來做些善行。本來希望這樣能得到好的報應，沒想到將來反而會因此遭到報應。就像榨甘蔗汁一樣，兩樣都失去了。

前面提過「修心養性不犯錯」是最基本的標準，如果犯了

過錯卻想用福報來彌補，或是爲求福報而犯下過錯，或是自以爲在行善而方法不對，表面上看起來或許一時有作用，實際上是絲毫沒有幫助的。

不求有功但求無過，聰明的人每天應該留一些時間，反省自己的思想、語言、行動是否有失當之處，就好像我們每天都要洗澡一樣，我們兩三天不洗澡，身體就會發臭，更何況我們一輩子都沒自我反省，試想：心靈會污濁到何種程度呢？

如何即時化阻力為助力

回顧一天的經過是幫助我們了解自己以及化解阻力的好方法。如果我們每天都能夠騰出固定的時間，找一個安靜的地方，靜下心來與當天的自己交談，一段時間之後，你會發現不僅自己的思想、語言、行動有很大的改變，自己的運勢也已經產生很大的改善。

誠實面對自己不是一件容易的事，剛開始的時候尤其如此，但這個習慣確實是化阻力為助力的好辦法。

以下提供給您的「每日自我淨化法」，是非常有效的方式，可以幫助自己客觀地把一天中重要事件的元素忠實呈現出

來，對象包括自己、別人在這個事件中所產生的行為、想法與情緒，這些要素都是日後會持續影響我們的元素，無論是好的或不好的都請您儘量寫下來。

每日自我淨化法			
請回想今天發生的重要事件，並試著分析下表中的項目。			
事件發生日期	年	月	日
發生什麼事？			
哪裡不圓滿？			
如何修正？			
學習到什麼？			

本書讀者可在http://omba.com.tw下載全部輔助表格

化解另一種阻力

還有一種阻力來自不同時空的負向反作用力，在我們所遇到的個案中十分常見，提供給各位做參考。

元好問在膾炙人口的《邁陂塘》一詞中有：「問世間，情是何物，直教生死相許？」一語，七百年來感動著無數人的心……

這是個有情世界，無論是愛情、親情、友情、人情乃至宇宙萬物之情，都是生命的重要課題，從許多案例中，經常發現當事人僅為了這個「情」字，無悔的輪迴千年萬年，就在這盤根錯節的執念裡，許多故事依然重複上演著……！

這個個案X小姐是她朋友介紹前來的，目前已婚，育有一女。「全能開發」是「OMBA®全能身心管理學」的核心技術，可以引導當事人放鬆而專注地進入潛意識層面。

開始之後，這位X小姐就情不自禁痛哭起來，好像內心深處有海樣般的苦痛來不及宣洩一般，似乎在看似幸福美滿的婚姻之外，還有一段埋藏在心靈深處不為人知的故事，多年來日夜啃噬著她。

　　原來這位X小姐年輕的時候因為愛玩，交了許多壞朋友，父親想替她換個環境，送她來台北工作，想不到年輕貌美的她在環境的引誘之下，很自然的就找到一份酒廊的工作，孝順的她並不敢讓疼愛她的父親知道，偷偷瞞了他很多年。其間，她認識了一個有婦之夫，情不自禁的墜入愛河，並且因為現實環境的因素墮胎了三次，再加上男朋友的太太開始懷疑老公有外遇，雇請徵信社追蹤調查，最後鬧得家中的父親也知道此事，這些事讓她產生很大的自責，長年來一直無法原諒自己。

　　父親過世後，這位X小姐也很快的和另一位男士結婚，脫離先前的環境，並且有一個很可愛的女兒，她的先生並不知道她不堪回首的過去，目前與個性相違的單調生活，加上先前種種隱瞞，讓她漸漸無法忍受這段婚姻。

　　「對不起！請你們原諒我！」X小姐痛哭流涕地重複這句話，不斷擦拭湧出的淚水。透過特殊的「OMBA®全能開發」技術，X小姐很快的進入「全能狀態」，並且很順利的和她前後三次拿掉的胎兒面對面溝通，請求他們的原諒。

　　「……我有幫你們辦法事、供養牌位，你們還需不需要？」

　　「他們說不用了……前兩胎是男的，第三胎是女

孩。」X小姐接著發現：「我現在對婚姻的不滿，原來有受到他們的影響。」這種因為磁場不同而影響到父母感情的情形很常見。

此時X小姐顯得輕鬆許多，漸漸緩和了下來，她知道這三個胎兒已經不怪她了，最後X小姐依照指示將他們送到他們應該去的地方，圓滿地處理了她與三個胎兒的問題。

當事人在全能狀態中，都能以清醒自主的意識自行找尋答案，其實OMBA®顧問師的工作只是隨著他的狀態，導引他去自行發現問題、面對問題、處理問題，一點都不神秘。

接著，X小姐回到了她和現在這個親生女兒的前一世，她女兒在那一世是X小姐的父親，父女的感情非常好，生活和樂。有一天，不知什麼原因家中突然發生火災。

「好大的火啊！」X小姐彷彿感受到當時的危急，就在千鈞一髮之際，幸好父親抱起她即時逃生，總算撿回一條命，不過房子沒了，只好借別人的山上屋舍暫時居住，不久之後父親也過世了，剩下她一人孤苦伶仃靠唱歌賣藝為生，還好當時她認識了另一個女孩子，兩人一起相依為命，不過X小姐後來也沒有活多久，年紀輕輕就生病死了。

「原來是這個原因！」這時X小姐突然像發現新大陸般

驚歎起來，她先前一直覺得自從結婚後，先生的財運不知怎麼的變得比較好，自己的財運反而變得很不好（婚前有做股票投資），多年的積蓄因為貼補娘家（母親，前世那個和她相依為命的女孩子），目前也所剩無幾，原來她現在這個先生就是前世租她房子住的人，「他因為收不到房租又趕不走我，很生氣的走掉了⋯⋯我現在財運不好是在償還他的房租。」X小姐說。

　　這個個案的關係人包括X小姐今生的女兒、先生、母親、父親以及婚前交往的男友與其妻子，瞭解了彼此錯綜複雜的瓜葛，透過「OMBA®全能開發」可以讓她一一和這些關係人達成和解，經過當下這個改變，再引導她去預觀明年的情況，「我們在請客，人很多，我們夫妻兩人的感情不錯。」X小姐有點感動地說。

　　「還有什麼要了解的嗎？」

　　「我要看看我女兒的未來。」X小姐接著似乎很欣慰的說：「她很好⋯⋯」

　　X小姐的情形是很典型的個案，這一世延續著親情、友情、愛情、人情等複雜關係，「問世間，情是何物，直教生死相許？」在生生世世的人生當中，關係人又見面了，

繼續上演不解的「情」字連續劇，唯願天下有情眾生，早日化孽緣為善緣，體悟生命的智慧。

面對人生的「負向反作用力」，我們不可以用對抗的方式，想要規避，因為使用對抗的方式，又會造成另一個負向反作用力。我們而應該以悔過的心，祈求被原諒，並且表達改過之意。如此持續不斷的進行，就會像一些規模較小的地震，有利於釋放壓力，減少甚至完全免除發生毀滅性大地震的機率。

由此可見，《零極限》一書提倡「我愛你、對不起、請原諒我、謝謝你」四句話的夏威夷傳統療法，其實也有異曲同工之妙。

「解鈴還需繫鈴人」，最好的方式就是透過「OMBA®全能身心管理學」以及「全能開發」，快速的處理這方面的問題。

祝福大家！

⑭ 第六階段「每日行動計劃」

每日行動計劃

【身體的行動】

  1. 按照SWOT分析策略表中的策略與方法確實去執行。

  2. 修心養性不犯錯。

  3. 做好自己的本份。

  4. 行善布施。

  5. 廣結善緣。

  6. 把「大成功法則」介紹給別人。

【心理的行動】

  1. 每天至少在早上起床、下午以及晚上睡覺前，各唸一遍「強化意識念力講稿」。每天執行的次數越多越好，有空就可以拿出來唸。

  2. 每天早上出門前，看一段激勵的影片。

3. 使用「每日淨化程式」。

【心靈的行動】

1. 利用十分鐘完全的空檔，請進行「OMBA®自我全能開發＋發願法」，多多益善。

2. 每天至少在早上起床以及晚上睡覺前，進行「OMBA®自我全能開發法」以及「OMBA®潛意識目標圖像設定法」或是「NLP潛意識目標圖像設定法」。

⑮ 如何持續保持驚人效果

人生的永續經營

　　大成功法則毫不保留地揭示千古以來成功的六大觀念、六大祕密與六大金鑰，只要大家切實按照大成功法則的方法去執行，老天爺也會在必要的時候助你一臂之力，這個道理就像日出日落那樣眞實而且不變。重點在於你願不願意把握如此難得的機緣，加入這個永續經營、成長的行列。

　　最可惜的事，莫過於看過本書卻沒有去實踐，或者是半途而廢，這樣就像入寶山空手而回，只會讓你的人生空轉，甚至往下沉淪。

　　我們每個人都好像逆流而上的鯉魚，有人游得比較快，有人游得比較慢，無論如何，我們既然了解了大成功法則運作的原理，就應該把它當成是永恆的習慣，持續不斷的努力實踐，不論需要歷經多長久的時間，就像奮勇逆流而上的鯉魚一樣，最後總是能躍上願望的龍門，因爲**你自始自終都是受到宇宙祝福的幸運兒**。

加入「大成功法則聯誼會」

英國大文豪莎士比亞（William. Shakespeare, 1564-
1616）曾說：「與良友行，千山萬水不覺遠。」自己在人生
當中踽踽獨行，不如大家一起結伴同行，彼此勉勵提攜，畢
竟，眾人的鼓勵與提攜是最好的興奮劑。

最好的選擇是加入「大成功法則聯誼會」，在人生中成為
我們的善緣同伴，獲得彼此提供的分享與幫助。

「大成功法則聯誼會」是以大成功法則為方針的互助團
體，透過分布各地的組織，提供有效的方法，協助大家永續經
營人生，有興趣參加者，可在官方網站http://omba.com.tw/
直接報名。有心成立大成功法則聯誼會各地分會組織者，
也歡迎和我們聯絡。

附錄

附錄1
輔助表格匯總

本書所有表格皆可在http://omba.com.tw下載

願望九宮格

請根據設定目標的原則,將願望分別寫在空格中

親情	身體(身)	事業
愛情	心理(心)	財富
生活	心靈(靈)	人緣

SWOT分析表

SWOT 矩陣	幫助達成目標的因素 Helpful to achieving the objective	妨礙達成目標的因素 Harmful to achieving the objective
內部因素 Internal attributes	優勢 Strengths	劣勢 Weaknesses
外部因素 External attributes	機會 Opportunities	威脅 Threats

SWOT策略表

SWOT 矩陣		内部因素分析	
		優勢（Strengths）	劣勢（Weaknesses）
外 部 因 素 分 析		SO策略	WO策略
		ST策略	WT策略

階段性目標設定表

		最終目標	
階段性目標	第　年(月)目標		
	第　年(月)目標		
	第　年(月)目標		
	第　年(月)目標		
	第　年(月)目標		
	第　年(月)目標		
	第　年(月)目標		
	第　年(月)目標		
	第　年(月)目標		
	目前狀態		

達成目標的動機表

目標	
需求階層	請根據目標寫下自己的動機
生理需求	
安全需求	
愛與歸屬需求	

自尊需求	
認知和理解需求	
審美需求	
自我實現需求	
超越性需求	

信心列表

目標：
1.
2.
3.
4.
5.
6.

強化意識念力講稿

任何時候，只要有時間就拿出來多唸幾遍：

a. 我覺得平靜————，我覺得放鬆————，我能夠完全控制我自
己————。我覺得平靜————，我覺得放鬆————，我能夠完
全控制我自己————。我很安全————，我很安心————，我
正在放鬆全部肌肉，開始放鬆————。我覺得平靜————，我
覺得放鬆————，我能夠完全控制我自己————。

b. 當我的肌肉放鬆，一道陽光從天上照射在我的全身，讓我整個
身體感覺到輕鬆和溫暖——————，所有負面想法和感覺都消失
了，只留下正面的想法和感覺————，我覺得平靜————，我
覺得放鬆————，我能夠完全控制我自己————。

c. 我的心靈現在開放地去接收，我給自己的有益建議。

d. 給自己的正面建議	（此欄位的內容請插入1.「達成目標的動機表」中的內容，以及2.「信心列表」中的內容）

e.我覺得平靜———，我覺得放鬆———，我能夠完全控制我自己———。我覺得平靜———，我覺得放鬆———，我能夠完全控制我自己———。

構成目標圖像的要素表

目標	
人	
事	
時	
地	
物	

色彩	
聲音	
香味	
味道	
觸感	
感覺	

畫出你的目標圖像

每日自我淨化法

請回想今天發生的重要事件，並試著分析下表中的項目。

事件發生日期	年　　　月　　　日
發生什麼事？	
哪裡不圓滿？	
如何修正？	
學習到什麼？	

附錄2
給讀者的免費服務——官方網站

　　大成功法則強調人生的永續經營，自然也會提供網站支援，《大成功法則》的官方網站：

http://omba.com.tw

　　本書讀者可以在網站中獲得最新的訊息，也可以下載各式練習表單，以及各種自我全能開發mp3檔案，方便平時進行自我練習。

　　如果你有任何成功的事蹟要和大家分享，可以在部落格發表，我們會定期選擇優秀的事蹟提供者，免費贈送「OMBA®全能身心管理顧問師」的實體課程，結業者可獲頒由美國國際專業人士認證協會（IAPC）以及英國中央身心醫學與科學學院（CAMBMS）所授予的「OMBA®全能身心管理顧問師」的證書。

附錄3
延伸學習・加倍效果

長效定期聚會

各地分會定期聚會,帶領實踐大成功法則。

高效應用課程

OMBA®大成功法則實證班
OMBA®全能銷售班
OMBA®工作績效班
OMBA®親子教育班
OMBA®男女婚友班
OMBA®身心證悟班

專業證照課程

OMBA®全能身心管理學顧問師國際證照班

OMBA®全能身心管理學高級顧問師國際證照班

OMBA®全能身心管理學講師國際證照班

催眠治療師國際證照班

高級催眠治療師國際證照班

催眠講師國際證照班

NLP神經語言程式學執行師國際證照班

NLP神經語言程式學高級執行師國際證照班

NLP神經語言程式學講師國際證照班

大成功法則聯誼會　http://omba.com.tw

元碩國際身心管理學院　http://omma.com.tw

電話：02-7706-5777、2773-8800

傳眞：02-2773-7171

View point（3）

大成功法則

建議售價 · 250元

作　　者 · 楊博如

校　　對 · 楊博如

主　　編 · 楊宜蓁

文字編輯 · 蔡谷英

編輯助理 · 黃欣雅

美術設計 · 張禮南

設計助理 · 李育銘

出版經紀人 · 張輝潭

業務助理 · 楊媛婷

經銷管理 · 黃麗穎

倉儲管理 · 焦正偉

總 編 輯 · 水　　邊

發 行 人 · 張輝潭

出版發行 · 白象文化事業有限公司

　　　　　402台中市南區福新街96號

　　　　　電話：（04）2265-2939　傳真：（04）2265-1171

印　　刷 · 基盛印刷工場

版　　次 · 2010年（民99）一月初版一刷

國家圖書館出版品預行編目資料

大成功法則／楊博如著. ──初版.─臺中
市：白象文化，民99.01
　　　面：　公分.──（View point；3）
ISBN 978-986-6453-61-8（平裝）
1.成功法 2.自我實現
177.2　　　　　　　　　　98021097

設計編印

 印書小舖

網　　址：www.PressStore.com.tw
電　　郵：press.store@msa.hinet.net